Walther Vogel

Grundzüge der Schiffsvermessung

Walther Vogel

Grundzüge der Schiffsvermessung

ISBN/EAN: 9783954274260
Erscheinungsjahr: 2014
Erscheinungsort: Bremen, Deutschland

© maritimepress in Europäischer Hochschulverlag GmbH & Co. KG, Fahrenheitstr. 1, 28359 Bremen. Alle Rechte beim Verlag und bei den jeweiligen Lizenzgebern.

www.maritimepress.de | office@maritimepress.de

Bei diesem Titel handelt es sich um den Nachdruck eines historischen, lange vergriffenen Buches. Da elektronische Druckvorlagen für diese Titel nicht existieren, musste auf alte Vorlagen zurückgegriffen werden. Hieraus zwangsläufig resultierende Qualitätsverluste bitten wir zu entschuldigen.

Walther Vogel

Grundzüge der Schiffsvermessung

Dr. Walther Vogel

KÖNIGLICHE HOFBUCHHANDLUNG
ERNST SIEGFRIED MITTLER UND SOHN
BERLIN SW68. KOCHSTRASSE 68—71

Vorwort.

Den Anlaß zu den nachfolgenden Untersuchungen gab die Absicht, im Museum für Meereskunde zu Berlin die Entwickelung der deutschen Handelsflotte und des Seeverkehrs der deutschen Häfen auf statistischer Grundlage in graphischer Darstellung anschaulich zu machen. Dabei wurde insbesondere von seiten des Herrn Walter Laas, Professors des Schiffbaus an der technischen Hochschule in Charlottenburg, welcher dem Institut für Meereskunde als technischer Berater zur Seite steht, die Anregung ausgesprochen, die Grundlagen der Schiffahrtsstatistik, den Begriff der Maßeinheit „Tonne", die Methoden der Schiffsvermessung und diejenigen der Statistik selbst auf ihre Bedeutung und ihren Wert zu prüfen, um der Öffentlichkeit einen Maßstab für die Brauchbarkeit der Schiffahrtsstatistik an die Hand zu geben. Das Resultat dieser Untersuchungen ist die vorliegende Abhandlung. Die Ergebnisse schienen in vieler Hinsicht neu und bemerkenswert genug, um sie auch einem weiteren Kreise zugänglich zu machen. Wir hoffen, daß sie namentlich bei Nationalökonomen, Wirtschaftsgeographen und allen, die sich der Schiffahrtsstatistik als eines wissenschaftlichen Hilfsmittels bedienen, Beachtung finden und vielleicht zu etwas größerer Vorsicht bei Verwertung der statistischen Daten anleiten werden.

Die Untersuchung beschränkt sich, entsprechend dem ursprünglichen Plane, im wesentlichen auf die Schiffsbestandsstatistik in Deutschland und im Auslande und auf die deutsche Schiffsverkehrsstatistik. Die Schiffsverkehrsstatistik der fremden Länder wurde zwar gelegentlich gestreift, eine eingehende vergleichende Behandlung derselben, die wohl noch manches Interessante ergeben hätte, mußte jedoch vorläufig unterbleiben. Auch die Statistik der Neubauten und Abgänge, wie die Unfallstatistik, konnte nur stellenweise berührt werden.

Außer diesen, die Grundlagen und den Aufbau der Schiffahrtsstatistik behandelnden Untersuchungen, die den Hauptteil der Abhandlung ausmachen, wird im vierten Teile eine Auswahl der für die Zwecke des Museums hergestellten graphischen Darstellungen der deutschen Schiffsbestands- und Verkehrsstatistik veröffentlicht, mit einigen Erläuterungen, die ebenfalls wesentlich nur die methodischen Gesichtspunkte hervorheben; denn eine Erörterung des sachlichen Inhalts würde gleichbedeutend gewesen sein mit einer Abhandlung über die Geschichte der deutschen Seeschiffahrt seit der Reichsgründung. Dieser vierte Teil stellt also gewissermaßen eine Anwendung der in den drei vorhergehenden Teilen gewonnenen Erkenntnisse auf die deutsche Schiffahrtsstatistik dar. Freilich sind einer solchen Anwendung ziemlich enge Grenzen gezogen, da man nun einmal mit den gegebenen Grundlagen, mit dem vorhandenen Material der Statistik rechnen muß; die Nutzbarmachung der aus den drei ersten Teilen sich ergebenden Erkenntnis ist also wesentlich negativer Art: sie beschränkt sich sozusagen auf die Aufrichtung von Warnungstafeln. Immerhin konnten in der Anordnung und dem Aufbau der graphischen Darstellungen, besonders bei der Verkehrsstatistik, eine Anzahl der neugewonnenen Gesichtspunkte verwertet werden. Da überdies eine systematische Darstellung der deutschen Schiffahrtsstatistik in graphischer Form, die den Inhalt vieler Bände der Reichsstatistik in gedrängter klarer Übersicht zur Anschauung bringt, in der Literatur bisher fehlt, so hoffen wir, daß auch dieser Teil Anklang finden und sich als brauchbare Unterlage zu Untersuchungen über die Entwickelung von Deutschlands Handelsflotte und Seeverkehr bewähren möge.

Der Plan der Arbeit ist von mir in Gemeinschaft mit Herrn Prof. L a a s entworfen, und die Untersuchung und Bearbeitung dann von mir im einzelnen durchgeführt worden. Auch dabei hatte ich mich stets der regen Mitwirkung und Beratung des Herrn Prof. L a a s zu erfreuen, dessen Mitarbeit ein wesentliches Verdienst am Zustandekommen der Arbeit gebührt. Ich spreche ihm auch an dieser Stelle für seine wertvolle und stets bereitwillige Mitwirkung meinen aufrichtigsten Dank aus.

Die statistischen Zahlen sind von Herrn Diplom-Ingenieur K e l l n e r ausgezogen und dem aufgestellten Plane entsprechend zu den Kurven und graphischen Darstellungen verarbeitet worden. Nach Abschluß dieser Arbeit habe ich eine eingehende Nachprüfung sowohl der Zahlen wie der aus diesen aufgebauten Darstellungen vorgenommen.

Die Durchführung einer Arbeit, wie der vorliegenden, wäre nicht möglich ohne Unterstützung von Behörden und privaten Körperschaften. Für vielfache und in der liebenswürdigsten Weise erteilte Auskunft und Unterstützung bin ich insbesondere zu Dank verpflichtet den Herren Beamten des Kaiserlichen Statistischen Amtes, des Hamburgischen Statistischen und Deklarations-Bureaus, dem Kaiserlichen Schiffsvermessungsamt, der Redaktion für nautische Veröffentlichungen im Reichsamt des Innern, der Schiffsvermessungsbehörde, der Schiffsregisterbehörde und dem Kommando des Wachtschiffs in Hamburg, dem Kgl. Preuß. Statist. Landesamt, dem Bremischen Statistischen Amt, Herrn Direktor P a g e l

Vorwort.

vom Germanischen Lloyd in Berlin und den Herren Agenten von Lloyds Register und Bureau Veritas in Hamburg sowie den Zentralstellen dieser Gesellschaften in London und Paris. Den Direktionen des Norddeutschen Lloyd und der Hamburg-Amerika Linie verdanke ich die der Tragfähigkeits- und Leistungsfähigkeitsberechnung der deutschen Handelsflotte zugrunde gelegten Listen ihrer Schiffe, Herrn Norman Hill in Liverpool bin ich für Übersendung seines auf S. 33 ff. besprochenen Report verpflichtet.

Meinen besonderen Dank möchte ich Herrn Rat von der Heide vom Hamburger Statistischen Bureau für sein außerordentlich liebenswürdiges Entgegenkommen ausdrücken, sowie Herrn Generalsekretär Huldermann von der Hamburg-Amerika Linie für vielfache Förderung.

Die in der Arbeit benutzten statistischen Werke waren mir vornehmlich in der Bibliothek des Kaiserlichen Statistischen Amtes zugänglich, deren Schätze mir mit der größten Zuvorkommenheit zur Verfügung gestellt wurden. Wertvolle Aushilfe boten außerdem, abgesehen von der Bibliothek des Instituts für Meereskunde und der Königlichen Bibliothek, die Bibliotheken der Technischen Hochschule, des Auswärtigen Amtes, des Statistischen Landesamtes und der Berliner Handelskammer. Die als Anlagen 1, 3, 5 und 6 beigefügten Original-Formulare wurden mir vom Hamburger Statistischen Bureau und dem Kgl. Preuß. Statist. Landesamt in der erforderlichen Zahl überlassen, die Anlagen 2 und 4 sind nach ebenfalls von der erstgenannten Behörde zur Verfügung gestellten Originalen verkleinert.

Zum Schlusse ist es mir eine angenehme Pflicht, dem Direktor des Instituts für Meereskunde, Herrn Geh. Regierungsrat Prof. Dr. A. Penck, für das Interesse, das er der Arbeit gezeigt, und die Förderung, die er ihr hat angedeihen lassen, meinen verbindlichsten Dank auszusprechen.

Dr. Walther Vogel,
Assistent am Institut für Meereskunde.

Berlin, im August 1911.

Inhaltsübersicht.

	Seite
Vorwort	III
Literatur	IX
Grundzüge der Schiffsvermessung	1
1. Die Maßstäbe der Schiffsvermessung	1
2. Das Moorsomsche System und die Registertonne	6
3. Die Ermittelung des Brutto-Raumgehaltes	8
4. Die Ermittelung des Netto-Raumgehaltes (Netto-Abzüge)	14
5. Raumgehalt und Deplacement	26
6. Raumgehalt und Tragfähigkeit	28
7. Die Leistungsfähigkeit der Seeschiffe	39

Literatur.

Nicolaes Witsen, Aeloude en hedendaegsche Scheepsbouw en Bestier (I. Deel, 17. Hoofdstuk) Amsterdam 1671.
Tonnage past and present (Nautical Gazette LVIII. Jahrg. Jan.—Juni 1889).
A. Colin, La Navigation Commerciale an XIX. Siècle. Paris 1901.
G. Moorsom, A brief Review and Analysis of the Laws for the Admeasurement of Tonnage. 2. Ed. London 1853.
G. Moorsom, On the new Tonnage-Law, as established in the Merchant-Schipping Act of 1854 (Transactions of the Institution of Naval Architects. Vol. I. London 1860).
S. Read, Investigations and Observations with Reference to the Laws for the Measurement of the Tonnage of Shipping (Transact. of the Inst. of. Nav. Arch. Vol. I. 1860).
R. W. Stevens, On the Stowage of Ships. 7. Ed. London 1893.
A. Isakson, Die Schiffsvermessungs-Gesetze in verschiedenen Staaten (Jahrbuch der Schiffbautechnischen Gesellschaft 1901 S. 401—430).
A. Isakson, Die gegenwärtige unbefriedigende Vergleichs-Statistik der Handelsflotten (Jahrbuch der Schiffbautechn. Gesellsch. 1904 S. 105—127).
W. Laas, Die Netto-Vermessung der Segelschiffe (Denkschrift des Deutschen Nautischen Vereins). Berlin 1908.
W. Laas, Änderung der Schiffsvermessung. Hamburg 1907 (Sonderdruck aus »Hansa« 1907).
H. Herner, Die Schiffsvermessung und ihre wirtschaftliche Bedeutung (Hansa 1910, No. 38 und 39).
Report of the Committee appointed by the Board of Trade to inquire into the operation of Section 78 and 87 of the Merchant Shipping Act, 1894, in regard tho the Measurement of the Tonnage of Steam Ships, with Minutes of Evidence etc. (Englisches Blaubuch) London 1906. (Zitiert als Tonnage Committee Report).
Betänkande och Förslag af de af Statsrådet och Chefen för Kungl. Sjöförsvarsdepartementet den 8. Nov. 1902 tillkallade Sakkunnige med Uppdrag att biträda vid Revision af gällande Skeppsmätningsförfattningar. Stockholm 1907.
(Norman Hill), The Liverpool Steam Ship Owners Association. Report prepared by the Secretary to show the Relation during recent years of the Tonnage, available and employed, to Foreign Trade. Liverpool 1909.
Schiffsvermessungsordnung (SchVO.) vom 5. Juli 1872.
Schiffsvermessungsordnung vom 20. Juni 1888. (Zus. mit d. Instruktion z. SchVO. 1888 auch als Sonderdruck u. d. T.: »Die Vermessung der Seeschiffe«. Berlin 1888).
Instruktion zur Schiffsvermessung vom 23. Nov. 1872.
Instruktion zur Schiffsvermessung vom 19. Nov. 1888.
Vermessung der Seeschiffe, umfassend Schiffsvermessungsordnung vom 1. März 1895, Instruktion zur Schiffsvermessung vom 26. März 1895, Vorschriften, betreffend die Vermessung der Schiffe für die Fahrt durch den Suezkanal vom 30. März 1895. Ausgabe 1908 unter Berücksichtigung aller bis zum 12. April 1908 erfolgten Änderungen, herausgegeben im Reichsamt des Inneren. Berlin 1908.
(Die Schiffsvermessungsordnungen sämtlich auch im Reichs-Gesetzblatt).
H. Stabenow, Sammlung der deutschen Seeschiffahrtsgesetze. Leipzig 1875.
W. E. Knitschky, Die Seegesetzgebung des Deutschen Reiches. 4. Aufl. bearbeitet von O. Rudorff. Berlin 1908.
The Merchant Shipping Act 1854 (17. & 18. Victoria c. 104).
The Merchant Shipping Act 1867 (30. & 31. Vict. c. 124).
The Merchant Shipping (Tonnage) Act 1889 (52. & 53. Vict. c. 43).
The Merchant Shipping Act 1894 (57. & 58. Vict. c. 60).
The Merchant Shipping Act 1906 (6. Edward VII. c. 48).
Sämtlich separat als offizielle Statuten-Drucke des Stationary Office veröffentlicht (Government Publications. Public General Acts, in separate chapters).

Instructions and Regulations relating to the Measurement of Ships and Tonnage under the Merchant Shipping Act 1894. Ausgaben 1895, 1898 ff.
Jaugeage des Navires (Décret du 22 Juin 1904, Circulaire du 25 Juin 1904, Règlement annexe à la circulaire du 25 Juin 1904) Paris 1905.
Laws of the United States relating to Navigation and the Merchant Marine. Washington 1899.
Annual Report of the Commissioner of Navigation. Washington 1884—1910.
Statistik des Deutschen Reiches. Die Seeschiffahrt. (Zitiert als DRSt.) Vgl. S. 64 f.
Zentralblatt für das Deutsche Reich, herausgegeben im Reichsamt des Inneren.
Handbuch für die Deutsche Handelsmarine (jährlich), herausgeg. im Reichsamt des Inneren.
Germanischer Lloyd. Internationales Register (jährlich).
Bureau Veritas. Répertoire Générale de la Marine Marchande (jährlich).
Lloyd's Register of British and Foreign Shipping (jährlich).
(A. N. Kiær) Statistique Internationale. Navigation Maritime. Vol. I—V. Christiania 1876—1897.
Deutscher Nautischer Verein. Verhandlungen des 39. Vereinstages 1908.
Verhandlungen des zweiten deutschen Seeschiffahrtstages 1910.
Nauticus, Jahrbuch für Deutschlands Seeinteressen. Berlin 1899—1910.
Hansa. Deutsche Nautische Zeitschrift. Hamburg.

1. Die Maßstäbe der Schiffsvermessung.

Von jeher hat sich das Bedürfnis geltend gemacht, die Größe der Seeschiffe zum Zweck des gegenseitigen Vergleichs durch irgendwelche Maßeinheit auszudrücken. Als Maßstab können dabei dreierlei Eigenschaften des Schiffes benutzt werden, nämlich:

1. der Raumgehalt, ausgedrückt durch ein kubisches Maß;
2. das Deplacement oder die Wasserverdrängung, ausgedrückt durch das Gewicht der vom schwimmenden Schiffskörper verdrängten Wassermenge;
3. die Tragfähigkeit oder Ladefähigkeit, ausgedrückt durch Gewicht oder durch eine in Raumeinheiten angegebene Ladungsmenge von bekanntem spezifischen Gewicht.

Die Feststellung der Größe der Seeschiffe kann für verschiedene Zwecke erforderlich oder wünschenswert sein, und je nachdem wird man den einen oder den anderen Maßstab bevorzugen. Bereits wenn der Reeder den Bauauftrag auf ein Schiff erteilt, muß er dem Schiffbauer ein Maß der von ihm gewünschten Größe des Schiffes angeben, und als solches bietet sich ihm zunächst das Gewicht oder der räumliche Umfang der dem Schiffe anzuvertrauenden Ladung, mit anderen Worten die **Tragfähigkeit** oder der **Raumgehalt** des Schiffes dar. Es ist dann Sache des Fachmanns, des Schiffkonstrukteurs, auf Grund dieser Angabe und unter Berücksichtigung der sonst gewünschten Eigenschaften des Schiffes (Schnelligkeit, Seefähigkeit, Tiefgang usw.) die passenden Dimensionen festzustellen. Bei dieser Berechnung und der Konstruktion des Schiffes überhaupt (Feststellung der Stabilität und dgl.) spielt dann das **Deplacement**, das Gewicht oder die Menge des vom beladenen und unbeladenen Schiffe verdrängten Wassers, welches naturgemäß dem Gewichte des Schiffes selbst gleichkommt, eine gewisse hier nicht näher zu erörternde Rolle.

Daß also die Kenntnis der Größe des Schiffes, ausgedrückt in einer bestimmten Maßeinheit, für die Konstruktion und später für die Befrachtung nötig ist, leuchtet ohne weiteres ein. Aber noch einem anderen Zwecke muß die Größenfeststellung dienen. Seit vielen Jahrhunderten bereits wird

---

[1]) A. Colin, La navigation commerciale au XIX. siècle, S. 344.

die Größenangabe des Schiffes als Grundlage für die **Erhebung von Abgaben** vom Schiffe benutzt, sei es beim Anlaufen eines Hafens, beim Passieren eines Seekanals oder einer Meeresstraße und dergleichen mehr. In der Tat sehen wir dieses Verhältnis — in unseren nord- und westeuropäischen Meeren wenigstens — bereits im 13. Jahrhundert bestehen,[1]) und möglicherweise ist es noch älter. In früheren Zeiten legte man hierbei der Größenangabe allgemein die **Tragfähigkeit** zugrunde, die entweder in Gewicht wiedergegeben wurde (daher die Maßeinheiten Last, Schiffspfund usw.) oder in Raummengen einer bestimmten Ladung. Als solche pflegte man in jedem Lande und Hafen die dort am meisten in Betracht kommende Ladung zu wählen, z. B. im Verkehr zwischen Westfrankreich, England und den Niederlanden **Wein**, im Ostseeverkehr **Korn**, anderwärts Heringe, Bier, Salz, Kohlen usw., und aus der Verpackungsart dieser Ladung ergab sich wieder der Name für die Maßeinheit, welche zur Bezeichnung der Tragfähigkeit diente. So kommt es, daß z. B. in Frankreich und England die **Tonne**, d. h. die Weintonne, den Namen für die Schiffsmaßeinheit abgab, in den Ostseeländern die **Last**, d. h. meist die Kornlast. Die Last leitet ihren Namen wohl von der **Wagenlast** her, d. h. dem Gewicht oder der Ladungsmenge, die einer der im Mittelalter üblichen Wagen, welche den Überlandtransport der Waren (z. B. auf der Lübeck-Hamburger Landstraße) besorgten, tragen konnte.[2]) Sie ist allerdings, wie der Name besagt, ursprünglich eine Gewichtsbezeichnung, aber naturgemäß verband sich damit von Anfang an, sobald nur die Art der Ladung bekannt war, eine bestimmte Raumvorstellung. Daher hat die Last als Maßeinheit immer einen Doppelcharakter — als Gewichts- und zugleich Raumeinheit — gezeigt, und noch die preußische Kabinettsordre vom 25. September 1815 bestimmt, daß die neueinzuführende Normallast gleich 4000 Berliner Pfunden oder 50 Berliner Scheffel Roggen, zu 80 Pfund der Scheffel, zu setzen sei.[3]) Ebenso verhielt es sich übrigens

---

[1]) Bemerkenswerte Beispiele hierfür sind die älteste Lübecker Zollrolle von 1227, worin es, nachdem der Zoll allgemein auf 15 d für die Last festgesetzt worden ist, u. a. heißt: „Si homo possessor est navis 12 last vel amplius bajulantis, liberam habet unam last, ne pro ea theloneum solvat; si minus quam duodecim last bajulabit, pro dimidia last liber erit; si quinque last bajulat, liber non erit, quin theloneum solvat. (Ist jemand Besitzer eines Schiffes von 12 Last Tragfähigkeit oder mehr, so hat er eine Last frei, für die er keinen Zoll zu zahlen braucht; hat es weniger als 12 Last Tragfähigkeit, so hat er $^1/_2$ Last frei; hat es nur 5 Last Tragfähigkeit, so genießt er keinen Zollnachlaß.) (Hansisches Urkundenbuch I. Nr. 223.) Ferner das Privilegium, das König Abel von Dänemark am 24. Sept. 1251 den sogenannten „Umlandsfahrern" für den Besuch von Skanör auf Schonen erteilte und worin er für jedes diesen gehörige und von Skanör nach einem Ostseehafen versegelnde Schiff eine Abgabe von 2 Schilling schonisch pro Schiffslast festsetzte (ebenda I. Nr. 411).

[2]) Daher vielleicht auch der altertümliche, z. B. in Lübeck früher gebräuchliche Ausdruck: ein Schiffspfund zu **Fuhr**. Vgl. Koppmann in den Hansischen Geschichtsblättern 1893, S. 121, 1894, S. 145 f.

[3]) Gesetz-Sammlung für die Königl. Preuß. Staaten 1815, S. 205.

umgekehrt mit der **Tonne**, die in erster Linie natürlich ein Raummaß ist, mit der sich jedoch auch eine bestimmte Gewichtsvorstellung verknüpft. Daher versteht man noch jetzt in England im Schiffsfrachtverkehr unter einer Ton entweder eine Freight-Ton, d. h. ein Raummaß von meist 40 Kubikfuß,[1]) oder eine Ton deadweight, d. h. ein Gewicht von 2240 Pfund avoirdupois = 1016 kg, und wendet bei Leichtgut erstere, bei Schwergut letztere Maßeinheit an, indem man beide in ihrer Eigenschaft als Grundlage für die Frachtsätze als gleichwertig betrachtet.[2]) Gerade die Tonne hat mehrfach ihren ursprünglichen Charakter als Raummaß abgestreift und ist zur Bezeichnung einer Gewichtsmenge geworden, so, wie eben erwähnt, in England und danach in Deutschland (1 t = 1000 kg) und anderswo.

Indem man die Ladungsmenge eines Schiffes in Raumeinheiten oder in damit kommensurablen Gewichtseinheiten ausdrückte und die Angabe des Frachtmaterials, auf das sich die Maßeinheit ursprünglich bezog, als selbstverständlich wegließ, gelangte man allmählich dazu, die betreffende Ziffer nicht mehr als Ausdruck der **Tragfähigkeit** des Schiffes anzusehen (als welcher sie ursprünglich allein gemeint war), sondern als Ausdruck seines **Raumgehaltes**. Die Vorstellung: „soundsoviel Tonnen Wein oder Lasten Korn kann das Schiff laden und tragen" wich der anderen: „das Schiff besitzt einen Raumgehalt von soundsoviel Raumeinheiten, die dem Umfang einer Tonne Wein oder einer Last Korn entsprechen". Der Unterschied erscheint geringfügig, ist aber von Wichtigkeit, da sich aus dieser Vorstellungsverschiebung die Anwendung des Wortes „Tonne" in ganz verschiedenen Bedeutungen, ferner aber auch gewisse Eigentümlichkeiten der heutigen Schiffsvermessung erklären. Daß eine solche Vorstellungsverschiebung Platz greifen konnte, dazu trug wesentlich **der** Umstand mit bei, daß man, spätestens seit dem 16. Jahrhundert, die Trag- oder Ladefähigkeit direkt aus den Hauptdimensionen des Schiffes, Länge, Breite und Tiefe, berechnete. So bestimmte z. B. die älteste bekannte englische Vermessungsregel, daß die „Tonnage" eines Schiffes zu berechnen sei, indem man Länge des Kiels, größte Breite und Raumtiefe, ausgedrückt in englischen Fußen, miteinander multiplizierte und das Produkt durch 100 dividierte, also z. B.:

$$\frac{120 \cdot 40 \cdot 20}{100} = 960 \text{ tons „burden",}$$

---

[1]) Vgl. über die verschiedenen Größen der Freight-Ton und Ton deadweight R. W. Stevens, On the stowage of ships 7. A. 1893, S. 720 f., ferner die Tabellen daselbst am Anfang, bes. Nr. XX und die Notiz über Tonnage am Ende jedes Artikels über eine wichtige Ladungssorte.

[2]) Ebenso verstehen sich in Deutschland bei Verladungen die vereinbarten Frachtsätze nach Wahl der Reederei auf die Frachttonne von 1000 kg oder 1 cbm.

Das Resultat wurde, wie schon die Bezeichnung „tons burden" (von altengl. „beran" tragen) ausweist, als Ausdruck der Tragfähigkeit, der dead weight carrying capacity, des Schiffes angesehen. Daß diese auf so einfache Weise aus den Schiffsdimensionen berechnet wurde, war das Resultat reiner Empirie, praktischer Ausprobung und Erfahrung. Aber natürlich lag das Mißverständnis nahe, daß die resultierende Ziffer der nach obiger Formel angestellten Berechnung als Zahl von Maßeinheiten von je 100 Kubikfußen anzusehen sei, da das Produkt der nach Fußen vermessenen Hauptdimensionen des Schiffes den Raumgehalt des durch diese gebildeten Parallelepipedons in Kubikfußen angab, und die Tonnenzahl durch Division der Zahl der Kubikfuße durch 100 gewonnen war. Daß hier jedoch keine Berechnung des Schiffsraumgehaltes vorliegt, geht schon daraus hervor, daß der Raumgehalt des Parallelepipedons selbstverständlich größer ist als der des Schiffes, da die Rundung des letzteren und die Zuspitzung nach vorn und hinten sowie die Wandstärke des Schiffes mit ihren Versteifungen beträchtliche Teile des Parallelepipedons vom Raumgehalt des Schiffes ausschließen. Wenn daher heute der R a u m g e h a l t eines Schiffes in oberflächlicher Weise aus seinen Hauptdimensionen berechnet werden soll, so wird das Produkt der letzteren, d. h. eben das von ihnen umschriebene Parallelepipedon, mit einem Dezimalbruch, dem sogenannten Völligkeitskoeffizienten (der je nach der Bauart etwa zwischen 0,65 und 0,80 schwankt), multipliziert. Der erwähnte Irrtum konnte jedoch um so eher begangen werden, als meist gewisse Abzüge von der Schiffs- oder Kiellänge vorgenommen, mithin das Parallelepipedon verkleinert wurde; z. B. wurde nach dem sog. Old Builders Measurement $3/5$ der Breite von der Länge abgezogen.[1]) In der Tat scheint vielfach ein solches Mißverständnis bestanden oder doch wenigstens Unsicherheit darüber geherrscht zu haben, ob die nach obigen oder ähnlichen Formeln berechnete Zahl den R a u m g e h a l t des Schiffes oder seine T r a g - u n d L a d e f ä h i g k e i t angäbe. Es ist jedoch kein Zweifel, daß letzteres die allein richtige Ansicht ist; u. a. ergibt sich dies aus dem Text der alten Hamburger Schiffsvermessungs-Ordnung, welche für die Vermessung eine der obigen Formel entsprechende Regel angibt (nur mit dem Divisor 300 statt 100, da eine Hamburger Last drei englischen Tons entsprach), und welche dazu bemerkt: „ so ergibt der Quotient die Zahl der Lasten à 6000 Pfund, wofür das Schiff ins Aichregister und den Meßbrief zu notieren und anzusehen ist, d a ß e s d i e s e Q u a n t i t ä t u n d G e w i c h t i n a l l e r l e i S t ü c k g ü t e r n u n t e r e i n a n d e r t r a g e n u n d f a s s e n k a n n."

---

[1]) Allerdings wurde diese Verkleinerung z. Teil dadurch wieder ausgeglichen, daß der Divisor 100 durch 96, 95 oder 94 ersetzt wurde.

Eine wirkliche Berechnung des Schiffs-Raumgehaltes, unabhängig von der zu tragenden Ladung, hat überhaupt vor Einführung des weiterhin zu erwähnenden Moorsom'schen Systems niemals stattgefunden.

Daß die Tragfähigkeit der Schiffe der Erhebung von Abgaben zugrunde gelegt wurde, hatte jedoch mehrere schwerwiegende Übelstände zur Folge. Der erste war mehr praktischer Natur. Die oben angegebene, zur Tragfähigkeitsberechnung verwendete primitive Formel wurde nämlich im Jahre 1719 von der englischen Admiralität in mehrfacher Hinsicht geändert, und die wichtigste Änderung war die, daß an Stelle der gemessenen Raumtiefe die halbe Breite des Schiffes ein für allemal als Faktor in die Berechnung aufgenommen wurde. Dies verführte Reeder und Schiffbauer dazu, den Schiffen eine bedeutende Raumtiefe zu geben, da derjenige Teil des Schiffsraums, der tiefer unter Deck lag, als die halbe Breite des Schiffes betrug, von der Vermessung ausgeschlossen blieb, mithin im offiziellen Meßbrief, auf Grund dessen die Abgaben erhoben wurden, nicht figurierte; das Schiff hatte demnach für eine beträchtlich geringere Zahl von Tonnen Abgaben zu zahlen, als es tatsächlich laden konnte. Es entstand aus diesem Grunde eine Klasse hoher, schmaler Schiffe von geringer Stabilität und Seefähigkeit. Die Folge waren große Schiffs- und Menschenverluste. Ähnliche Übelstände bestehen, wenn auch in vermindertem Grade, infolge der Verquickung der Schiffsvermessung und der Abgabenerhebung, selbst nach Einführung des Moorsom'schen Systems und bis in die Gegenwart fort. Wird auch die Sicherheit der Schiffe nur in selteneren Fällen dadurch beeinträchtigt, so veranlaßt doch die Abhängigkeit der zu zahlenden Abgaben und damit der Betriebsunkosten von der Gestalt und dem Raumgehalt der Schiffe die Schiffbauer und Reeder, auf möglichste Verkleinerung des im Schiffsmeßbriefe angegebenen Tonnengehaltes bedacht zu sein und zu diesem Behufe zahlreiche Einrichtungen anzuordnen, die sonst zum mindesten überflüssig wären. Das schädigt jedoch nicht nur die Finanzen der Staaten und Dockgesellschaften, sondern auch einen wichtigen Zweig der Volkswirtschaftskunde, nämlich die Statistik.

Soweit wir sehen, ist überall die Schiffsverkehrsstatistik aus der Abgabenerhebung hervorgegangen und noch heute aufs engste mit ihr verknüpft. Eine der wichtigsten Schiffahrtsstatistiken vergangener Jahrhunderte, die, erst seit wenigen Jahren in Veröffentlichung begriffen, eine höchst wertvolle Quelle der Handels- und Wirtschaftsgeschichte bildet, die dänische Sundzollstatistik, verdankt keinem anderen Umstande ihre Entstehung, als daß die dänischen Könige seit der ersten Hälfte des 15. Jahrhunderts begannen, im Sunde bei Helsingör eine Abgabe, eben den nachmals so berüchtigten Sundzoll, zu erheben. Und so ist es überall bis auf den heutigen Tag geblieben. Überall werden die das Material der Schiffs-Verkehrsstatistik bildenden Zahlen bei Erhebung der Hafen- oder Kanalabgaben angeschrieben, und stets werden dabei nur diejenigen Ziffern des Tonnengehaltes berücksichtigt, die der Abgabenberechnung als Grundlage dienen. Daraus ergibt sich nach unseren früheren Ausführungen ohne weiteres, daß in den statistischen Zahlen erhebliche Fehler verborgen liegen, ja daß sie häufig geradezu ein falsches Bild des wirklichen Sachverhaltes, der wirklichen Entwicklung des Schiffsverkehrs und des Bestandes der Handelsflotten geben müssen. Diese Fehlerquellen aufzudecken, ist eine Hauptaufgabe der vorliegenden Abhandlung.

2. Das Moorsomsche System und die Registertonne.

Die Übelstände, welche die alten Schiffsvermessungsregeln für den Schiffbau mit sich führten, veranlaßten im Laufe des 19. Jahrhunderts zunächst in England mehrfache Änderungen der Schiffsvermessung.[1]) Als besten Maßstab für die Abgabenerhebung sah man fortdauernd die **Tragfähigkeit** an. Dementsprechend schlug ein 1821 zur Prüfung der Schiffsvermessung eingesetztes Committee vor, das Deplacement des Schiffes zwischen der Leicht-Wasserlinie (d. h. der Wasserlinie des unbeladenen Schiffes) und der Lade-Wasserlinie (Tiefladelinie) als offizielle Vermessungsgröße des Schiffes festzusetzen; da das Schiff, um von der Leicht-Wasserlinie auf die Lade-Wasserlinie hinabzusinken, sein Gewicht oder Deplacement um das Gewicht seiner vollen Ladung vermehren muß, so entspricht eben das Deplacement zwischen den beiden Wasserlinien der Tragfähigkeit des Schiffes. Der Vorschlag scheiterte jedoch an der damals bestehenden Unmöglichkeit, die beiden Wasserlinien, besonders die Tiefladelinie, festzusetzen.[2]) Man griff daher auf den schon früher vielfach gemachten Versuch zurück, den inneren **Raumgehalt** (inner capacity) des Schiffes genauer festzustellen. Das Ergebnis dieser Bemühungen war die Vermessungsakte von 1835, das sogenannte „New Measurement". Auch dies befriedigte jedoch noch nicht, da als Grundlage für die Raumgehaltsberechnung eine relativ geringe Zahl von Messungen am Schiffskörper diente, das Resultat mithin ungenau, der Tonnengehalt vergleichsweise zu hoch war, und als Folge sich wieder ein ungünstiger Einfluß auf den

---

[1]) Über die Geschichte der englischen Schiffsvermessung vgl. G. Moorsom, A brief Review and Analysis of the Laws for the Admeasurement of Tonnage, 2. Ed. London 1853, ferner den Aufsatz Tonnage past and present in Nautical Gazette LVIII. Jahrg., Jan.—Juni 1889.

[2]) Dieser Vorschlag ist seitdem öfter wiederholt worden, und gewinnt gegenwärtig Aussicht auf Erfolg, nachdem die wichtigsten Staaten begonnen haben, die Tiefladelinie gesetzlich festzulegen. S. unten S. 42.

Schiffbau bemerkbar machte. Schon nach wenigen Jahren wurde daher abermals eine Änderung der Schiffsvermessung ins Auge gefaßt. Nach mancherlei Schwankungen entschloß man sich zur Annahme des von dem Ingenieur Moorsom ausgearbeiteten Vermessungssystems, welches durch die Merchant Shipping Act vom 10. August 1854 (17. & 18. Victoria C. 104) mit Gültigkeit vom 1. Mai 1855 an in Großbritannien eingeführt wurde. Seit Beginn der siebziger Jahre haben sich nach und nach alle wichtigeren Seestaaten dem Vorgehen Großbritanniens angeschlossen, und das Moorsomsche System bildet daher heute fast auf der ganzen Welt die Grundlage der Schiffsvermessung.

Das System Moorsoms bezweckt im Unterschiede zu fast allen früheren Meßmethoden nicht die Trag- und Ladefähigkeit, sondern den gesamten inneren Raumgehalt des Schiffes unter dem Oberdeck (sowie den Raumgehalt der für die Ladung brauchbaren geschlossenen Räume über dem Oberdeck) zu ermitteln. Insofern es dies tut, erfüllt es seinen Zweck vollkommen; gegen die Zuverlässigkeit der von Moorsom erdachten Meßmethode an sich erhebt sich noch heute kein ernstlicher Einwand. Aber die Macht der Gewohnheit erwies sich als so stark, daß die eben ausgeschaltete Idee, die Trag- oder Ladefähigkeit zum Maßstabe der Abgabenerhebung zu machen, sofort wieder in veränderter Gestalt eingeschmuggelt wurde. Wäre es möglich gewesen, den durch Moorsoms System ermittelten Bruttoraumgehalt der Abgabenerhebung zugrunde zu legen und etwa die Abgaben überall entsprechend zu ermäßigen, so wären fast alle späteren Schwierigkeiten und Mißstände vermieden worden. Da daran jedoch bei der großen Zahl und Mannigfaltigkeit der für die Abgabenerhebung in Betracht kommenden Faktoren nicht zu denken war, so ging man daran, allerhand Abzüge vom Bruttoraumgehalt festzusetzen, damit nur die wirklich für die Ladung dienlichen Räume von der Abgabenerhebung betroffen würden. So wurde die durch Kubikmaß ausgedrückte Ladefähigkeit der Schiffe in verkappter Form abermals als Grundlage für die Abgabenerhebung eingeführt. Nur entsprach diese durch prozentuelle Abzüge, wie sogleich zu schildern sein wird, ermittelte Ladefähigkeit ebensowenig der wirklichen, wie die nach den alten Systemen berechnete. In diesen Abzügen liegt die Wurzel alles Übels; sie tragen die Schuld, daß die neue Schiffsvermessung von dem Augenblick an, wo sie ins Leben trat, an schwerwiegenden Mängeln krankte und daß der gesunde Grundgedanke des Moorsom'schen Systems vielfach bis zur Unkenntlichkeit entstellt worden ist.

Bevor wir jedoch auf die Moorsom'sche Meßmethode und ihre praktische Durchführung näher eingehen, bedarf es noch eines Wortes über die von Moorsom eingeführte Maßeinheit. Als solche setzte er einen Kubikraum von je 100 Kubikfuß fest und gab dieser Einheit den alten Namen „Ton" (Tonne). Da die britische Schiffsvermessung nach Fußmaß erfolgt, ergibt sich also der Tonnengehalt dadurch, daß der in Kubikfußen ermittelte Raumgehalt durch 100 dividiert wird. Die so gefundene Tonnenzahl wurde, insofern sie zur Eintragung ins Schiffsregister diente, „registered tonnage" genannt, und so bürgerte sich, besonders außerhalb Englands, die neue Maßeinheit unter dem Namen R e g i s t e r t o n n e, Registerton, ein. Die Registertonne ist also grundverschieden von den aus der alten Schiffsvermessung und ursprünglich aus der Weintonne hervorgegangenen alten Tonnen. Während die Registertonne 100 Kubikfuß enthält, zählt die englische Freight-ton meist 40 (bei verschiedenen Ladeartikeln etwas mehr) Kubikfuß, die englische Displacement-ton und Ton deadweight von 2240 Pfund (= 1016 kg, mithin fast gleich unserer deutschen Gewichtstonne von 1000 kg) entspricht einem Raum von etwa 35 Kubikfuß Seewasser. In denjenigen Staaten, wo die Schiffsvermessung in metrischem Maße ausgeführt wird (z. B. in Deutschland), wird doch fast überall der Raumgehalt der Schiffe außer in Kubikmetern in Registertonnen angegeben. Eine Registertonne ist = 2,832 cbm.

3. Die Ermittlung des Brutto-Raumgehaltes.

Das M o o r s o m ' sche System der Ermittlung des Schiffsraumgehaltes wurde in England, wie erwähnt, durch die Merchant Shipping Act von 1854, im Deutschen Reiche durch die Schiffsvermessungs-Ordnung vom 5. Juli 1872 mit Gültigkeit vom 1. Januar 1873 eingeführt. Über die Einführung in den übrigen Staaten s. u. Teil III.

Nach diesem System unterscheidet man bei jedem Schiff den B r u t t o r a u m g e h a l t und den N e t t o r a u m g e h a l t. Der B r u t t o r a u m g e h a l t (engl. Gross Tonnage) umfaßt im Prinzip (Ausnahmen s. unten) sämtliche Räume des Schiffes unter Deck sowie alle fest angebrachten Aufbauten (Kajüten, Hütten, Deckhäuser, Backe usw.) über dem obersten Deck, welche zur Aufnahme von Gütern oder Vorräten, oder zur Unterbringung oder sonstigen Bequemlichkeit der Passagiere oder der Schiffsbesatzung, einschließlich des Schiffsführers, dienen.[1] Zum N e t t o r a u m g e h a l t (Registered Tonnage, Tonnage net) sollen im Prinzip ausschließlich diejenigen Räume zählen, welche wirklich zur Aufnahme der Ladung oder der Passagiere dienen, also die nutzbaren Laderäume, da-

---

[1] So D. Sch V O 1872 § 11. Die Merchant Shipp. Act. 1854 § 21,4 bezeichnet die in die Gross Tonnage einzubeziehenden Aufbauten auf Deck als any permanent closed-in Space on the upper Deck, available for Cargo or Stores, or for the Berthing or Accomodation of Passengers or Crew. Die Forderung, daß diese Aufbauten „gedeckt und geschlossen" sein müssen, erhebt in Deutschland zuerst die Sch V O 1888. Weiteres darüber s. u. S. 10f.

gegen nicht die zur Fortbewegung, Bedienung und Navigierung dienenden Teile des Schiffes. Über die Ermittlung des Nettoraumgehaltes wird im folgenden Abschnitt die Rede sein. Hier beschäftigt uns zunächst die Ermittlung des Bruttoraumgehaltes. Diese erfolgt nach Moorsoms System im wesentlichen in folgender Weise:

Auf ein- und zweideckigen Schiffen wird das oberste Deck, auf mehrdeckigen Schiffen das zweite Deck von unten als Vermessungsdeck bezeichnet. Alle Räume unter dem Vermessungsdeck werden als Ganzes für sich und gesondert von den Räumen über dem Vermessungsdeck vermessen.

Zu diesem Behufe wird zunächst die Vermessungslänge des Schiffes nach einem bestimmten Verfahren ermittelt und je nach ihrer Ausdehnung in 4 bis 16 gleiche Teile geteilt. An diesen Teilungspunkten werden Querschnitte durch den Schiffsraum gelegt gedacht und die Fläche jedes derselben nach einem bestimmten, hier nicht näher zu erörternden Verfahren berechnet. Aus dem Flächeninhalt der Querschnitte in Verbindung mit der Vermessungslänge ermittelt man dann durch eine Annäherungsformel den Raumgehalt des Schiffes unter dem Vermessungsdeck. Da bei der Vermessung eine große Zahl von Distanzen zwischen fest normierten Punkten abgemessen werden, und da die Ermittlung des Flächeninhalts der Querschnitte und die Berechnung des Rauminhalts aus denselben nach einem Verfahren erfolgt, das geeignet ist, die bei der gerundeten Form des Schiffes unvermeidlichen Ungenauigkeiten möglichst auszugleichen, so erreicht das Resultat dieser Vermessung einen beträchtlichen Grad von Genauigkeit.

Die über dem Vermessungsdeck befindlichen Räume werden hierauf in ähnlicher Weise vermessen und zwar jeder für sich, mag es sich um ganze oder Teildecks oder um wirkliche Aufbauten handeln. Der Rauminhalt dieser Räume wird dann dem Rauminhalt unter dem Vermessungsdeck hinzugezählt und die Summe ergibt den Bruttoraumgehalt.

Da die Vermessung in England in Fußmaß, in Deutschland in metrischem Maß erfolgt, so ergibt sich der Bruttoraumgehalt in ersterem Lande in Kubikfußen, in letzterem in cbm. Um die Zahl der Registertons zu erhalten, wird die gefundene Ziffer demnach in England durch 100, in Deutschland durch 2,8316 dividiert.

Wie schon angedeutet, kommen jedoch von der Regel, daß sämtliche geschlossenen Räume unter und über Deck in die Vermessung einbezogen werden, gewisse Ausnahmen vor. Auch hierbei ist zu unterscheiden zwischen Räumen über und solchen unter dem Vermessungsdeck. Was die Räume über dem Vermessungsdeck angeht, so sind die betreffenden Bestimmungen der deutschen Schiffsvermessungs-Ordnung von 1872 bereits oben (S. 8) mitgeteilt, und es ist danach zu vermuten, daß bis

1888 in Deutschland keine festen Aufbauten von irgendwelcher Bedeutung unvermessen blieben. Anders in England. Hier bestimmte schon die Merchant Shipping Act von 1854 (Sect. 21,4), daß geschlossene Unterkunftsräume der Mannschaft auf Deck, insofern sie ein Zwanzigstel des übrigen Schiffsraumgehaltes nicht überschritten,[1] nicht in die Bruttovermessung einzubeziehen seien (nothing shall be added for a closed-in Space solely appropriated to the Berthing of the Crew, unless usw.); ebenso seien nicht einzubeziehen auf Deck befindliche Schutzräume (Shelter) für Deckpassagiere, sofern deren Errichtung vom Board of Trade genehmigt war. Durch diese Bestimmungen war bereits Bresche geschlagen in das Grundprinzip, daß alle geschlossenen Räume des Schiffes dem Bruttoraumgehalt zuzurechnen seien. Bald verstand man es, diese Inkonsequenz des Gesetzes nutzbar zu machen. Denn es war ja klar, daß eine Verminderung des abgabepflichtigen Schiffsraumgehaltes — und darauf kam es den Reedern vor allem an — ebensowohl durch Vergrößerung der Nettoabzüge (worüber unten), als durch Verkleinerung des überhaupt zu vermessenden Bruttoraumgehaltes erzielt werden konnte. Einen bemerkenswerten Schritt in dieser Hinsicht bedeutete vor allem der Fall des Dampfers „Bear" im Jahre 1875, wobei der Board of Trade durch eine Entscheidung des Oberhauses zu der Erklärung gezwungen wurde, daß feste Aufbauten über dem Vermessungsdeck in die Bruttovermessung nicht einzubeziehen seien, falls sie nicht mit Türen oder anderen dauernd angebrachten Vorrichtungen zum Verschließen versehen seien; maßgebend für die Beurteilung dieser Räume aber sollte ihr Zustand zu der Zeit sein, die dem Vermesser für die Prüfung zur Verfügung gestellt wurde. Daß damit Umgehungen der Schiffsvermessungsordnung Tür und Tor geöffnet wurde, ist klar. Tatsächlich sind seitdem nicht nur Aufbauten, sondern auch der ganze Raum von vorn bis hinten unter dem Sturm- (Awning-) oder Schatten-(Shelter-)deck nicht mit vermessen worden.[2]

Eine andere Umgehung der britischen Bestimmungen über die Bruttovermessung wurde dadurch ermöglicht, daß ein Amendment zur Merchant Shipping Act vom 20. August 1867 (die sogenannte „Duke of Richmond-Bill") bestimmte, es seien alle Mannschaftsräume, gleichgültig ob über oder unter Deck, von der Brutto-Tonnage abzuziehen (deducted), während das Gesetz von 1854, wie erwähnt, anordnete, sie seien bis zu einem bestimmten Betrage nicht zum Bruttoraumgehalt zuzuzählen (not be added). Indem man sich an den buchstäblichen Wortlaut dieser Zusatzakte hielt, gelangte man bei dem Präzedenzfall des Dampfers „Isabella" dazu, Mann-

---

[1] Wenn sie dies taten, wurde nur der Überschuß dem Brutto-Raumgehalt zugezählt.
[2] Vgl. H. Herner, die Schiffsvermessung und ihre wirtschaftliche Bedeutung (Hansa 1910, Nr. 38 und 39, S. 965 f.).

schafts- und andere Räume (Maschinenschächte) vom Bruttoraumgehalt abzuziehen, die entsprechend dem Gesetze von 1854 überhaupt niemals zu diesem hinzugerechnet worden waren. Der Board of Trade mußte sich einer dahingehenden Gerichtsentscheidung fügen, und auf zahlreichen englischen Schiffen wurde seither dementsprechend verfahren, bis die Merchant Shipping Act von 1889, 26. August, dieser Methode der zweimaligen Abzüge ein Ende machte.

Gleichzeitig wurde die Ausschließung irgendwelcher Mannschaftsräume von der Bruttovermessung überhaupt beseitigt (Merch. Shipp. Act 1889, 26. Aug. Sect. 1), vielmehr waren die bisher nicht mit vermessenen Räume dieser Art zum Bruttoraumgehalt hinzuzuzählen, und die gesetzlich für diese Räume gestatteten Abzüge wurden in eine Reihe mit den übrigen Nettoabzügen (für Maschine usw.) gestellt.

In Deutschland hielt man sich im allgemeinen (abgesehen von den Mannschaftsräumen, die hier stets in vollem Umfange in die Bruttovermessung einbezogen waren) an das britische Beispiel. Durch die Schiffsvermessungs-Ordnung von 1888 wurde die Vermessung der über Deck befindlichen Räume dahin erläutert, daß Räume, die auf einer oder mehreren Seiten offen seien, sowie Klappen über den Niedergängen in den Schiffsraum, Oberlichte, endlich Aufbauten zum zeitweiligen Aufenthalt und Schutz der Passagiere oder zur Unterbringung und zum Schutz von Vieh (letztere auf Antrag) von der Bruttovermessung auszuschließen seien. Die Schiffsvermessungs-Ordnung von 1895 erweiterte, dem britischen Beispiel folgend (vgl. Instructions relating to the Measurement of ships 1895, Sect. 3 u. 5), diese Ausschlüsse insofern, als auch die Aufbauten für Hilfsmaschinen (z. B. das Steuerhaus), ferner die Kombüse und der Raum für den Destillierapparat, endlich eine bestimmte Zahl von Klosetts von der Bruttovermessung ausgenommen wurden,[1]) wogegen Luken und Niedergänge nur bis zu $1/2$ % des Bruttoraumgehaltes befreit sein sollten und Schutzbauten für Vieh (wenn sie nicht „offen" waren) nicht mehr unter den Ausschlüssen von der Bruttovermessung erwähnt werden.

Viel bedeutender sind jedoch die Ausschlüsse von der Bruttovermessung unter dem Vermessungsdeck. Nachdem bereits in England nach heftigem Widerstande des Board of Trade seit dem Präzedenzfall des Dampfers „Chilka" Doppelböden, welche nach dem Zellensystem gebaut waren, von der Bruttovermessung ausgeschlossen wurden, verfügte die deutsche Schiffsvermessungs-Ordnung von 1888 (§ 7) ganz allgemein, daß

---

[1]) Es handelt sich hier ausschließlich um Räume, die sich über dem Vermessungsdeck befinden. Soweit entsprechende Räume unter dem Vermessungsdeck liegen, fallen sie zum Teil unter die Rubrik der Netto-Abzüge. S. unten S. 21.

konstruktiv zusammenhängende Doppelböden aller Art, deren Länge mehr als die Hälfte der Länge des Vermessungsdecks betrug, von der Schiffsvermessung auszuschließen seien. Die Schiffsvermessungs-Ordnung von 1895 erläuterte diese Bestimmung näher dahin, daß der Ausschluß betreffen sollte Doppelböden für Wasserballast, bei welchen der Raum zwischen dem äußeren und inneren Boden zur Aufbewahrung von Ladung, Vorräten oder Brennstoffen nicht geeignet sei. Als Begründung für den Ausschluß der Doppelböden wurde angeführt, daß deren Vorhandensein die Sicherheit der Schiffe und ihrer Ladung erhöhe und daß der Raum im Doppelboden für die Ladung nicht nutzbar sei. Großbritannien folgte dem deutschen Beispiel in seiner Merchant Shipping Act von 1889, und diesem Vorgehen wieder schlossen sich nach und nach die übrigen Seestaaten an. Später wurde der Ausschluß von der Bruttovermessung in England auch auf P i e k t a n k s ausgedehnt, im Falle die Tankdecke unter der Ladewasserlinie lag.[1])

Zusammenfassend läßt sich sagen, daß parallel mit dem Bestreben, den Nettoraumgehalt der Schiffe durch weitere Ausdehnung der Nettoabzüge zu verkleinern (worüber im nächsten Abschnitt) eine Tendenz einherging, schon den für die Größe der Nettoabzüge in gewisser Beziehung maßgebenden Bruttoraumgehalt möglichst niedrig zu halten, indem man allerhand Räume von der Vermessung gänzlich ausschloß. Besonders seit Ende der achtziger Jahre machte diese Tendenz durch den allgemeinen Ausschluß der Doppelböden Fortschritte. Zu beachten ist jedoch, daß diese Entwickelungstendenz fast ausschließlich den Dampfern zugute kamen. Auch der Bruttoraumgehalt kann demnach gegenwärtig bei zahlreichen Dampfern nicht als entsprechender Ausdruck des wirklichen Raumgehaltes gelten, wenn auch in weit höherem Grade, als der Nettoraumgehalt. Der prozentuelle Anteil der nicht vermessenen Räume am Gesamtraumgehalt schwankt natürlich nach der Bauart beträchtlich, und eine allgemeine Regel läßt sich dafür nicht aufstellen.

Bevor wir diesen Gegenstand verlassen, muß noch kurz die höchst eigenartige Entwicklung der Bruttovermessung in Frankreich gestreift werden.[2]) Hier machte sich von Haus aus natürlich das gleiche Bestreben nach Verminderung auch des Bruttoraumgehaltes geltend, wie in England und Deutschland. Diesem Bestreben wirkte jedoch ein anderes entgegen, das der staatlichen Prämien-Politik entsprang. Die für die französische Reederei höchst wichtigen Schiffahrtsprämien wurden nämlich nach dem Bruttoraumgehalt bemessen, und während den Reedern für die A b -

---

[1]) Instruction relating to the Measurement of Ships 1898, Sect. 18.
[2]) Vgl. Isakson, Die Anwendung der Schiffsvermessungs-Gesetze in verschiedenen Staaten. (Jahrb. d. Schiffbautechn. Ges. 1901, S. 416f.)

gabenzahlung ein möglichst niedriger Brutto- und Nettoraumgehalt erwünscht war, mußte es für die Prämienerhebung ein möglichst hoher sein. Also scheinbar unvereinbare Gegensätze. Doch gelang es der unter dem Einflusse der Schiffahrtsinteressenten stehenden Regierung in wahrhaft genialer Weise (allerdings auf Kosten der Staatsfinanzen), das Dilemma zu vermeiden und beiden Wünschen gerecht zu werden. Es wurde nämlich eine zwei-, oder wenn man will, dreifache Bruttovermessung eingeführt:

a) Eine größte Bruttovermessung, genannt Tonnage brut spécial pour la liquidation des primes. Diese diente, wie der Name besagt, als Grundlage für die Prämienzahlung und umfaßte sämtliche Aufbauten sowie den Wasserballastraum oberhalb der Bodenwrangen in sich.

b) Eine kleinere Bruttovermessung, genannt Tonnage total; diese diente als Grundlage bei der Bemessung der Nettoabzüge (in dem später zu erwähnenden Sinne), und begriff sämtliche Aufbauten auf Deck (auch Niedergänge, Oberlichter usw.) in sich, dagegen nicht den Raum der Wasserballasttanks oberhalb der Bodenwrangen. Immerhin war sie relativ größer als die britische und deutsche Bruttovermessung, und es bedurfte besonderer Maßnahmen, um trotzdem einen ebenso kleinen oder kleineren Nettoraumgehalt als in diesen Ländern zu erzielen.

c) Nur eine Art von Hilfsfaktoren zur Berechnung der Netto-Tonnage von Dampfern stellten daneben endlich der Raumgehalt unter Deck oder Raumgehalt des Schiffskörpers (Volume de la coque) sowie der sogenannte „Gesetzliche Brutto-Raumgehalt" dar, für den nicht weniger als fünf verschiedene Namen vorkommen (Tonnage brut légal, Volume brut légal, Capacité cubique, Tonnage officiel, Tonnage brut). Aus nicht recht ersichtlichen Gründen bestimmten nämlich die französischen Vermessungsgesetze, daß die bei der Festsetzung des Netto-Raumgehaltes wichtigen „Espaces inutilisables" (von diesem Begriff ist im nächsten Abschnitt die Rede) nicht etwa von der Tonnage total abzuziehen (à défalquer, à déduire), sondern nicht in sie einzubegreifen seien (il n'ya pas à comprendre dans le tonnage total usw.), und dieser merkwürdige Sprachgebrauch gab wohl Anlaß, für den bei Weglassung dieser Räume verbleibenden Raumgehalt den Begriff des Volume brut légal einzusetzen. Dieser Begriff — der, wie gesagt, nur für Dampfer existierte — stimmte also annähernd mit dem Netto-Raumgehalt der Segelschiffe überein, und diente als Basis, um durch Abzug der für die Maschinenräume eingesetzten Rechnungsgröße den Netto-Raumgehalt der Dampfer festzustellen.

Der Anschluß Frankreichs an das britische Meßverfahren im Jahre 1904 (s. darüber im folgenden Abschnitt) hatte zur Folge, daß diese dritte Vermessungsgröße, der Volume brut légal, gänzlich wegfiel. Dagegen wurde die Teilung der Bruttovermessung in eine solche für Zwecke der Prämienzahlung (Jauge brute totale oder Tonnage spécial pour la liquidation des primes) und eine andere für Berechnung der Nettoabzüge (Jauge brute) beibehalten.[1]) Die Jauge brute totale oder spéciale umfaßt wie früher den gesamten Raumgehalt unter Deck, einschließlich der Wasserballasträume oberhalb des Doppelbodens und den aller „durch feste und dauernd angebrachte Schotten (Wandungen)" abgeschlossenen Aufbauten (de toutes les constructions supérieures limitées par des cloisons fixes et permanentes)[2]), also bedeutend mehr Räume als die britische.

Die Jauge brute schlechthin (früher Tonnage total) dagegen kommt dadurch zustande, daß von der Jauge brute totale alle diejenigen Räume, die bei der Bruttovermessung in Großbritannien nicht inbegriffen sind, ausgeschlossen werden, sie stimmt also mit der britischen Gross Tonnage und dem deutschen Bruttoraumgehalt überein.

Bei der Anschreibung des Bruttoraumgehalts zur Statistik ist die zweitgenannte Größe, die Jauge brute, maßgebend.

4. Die Ermittlung des Netto-Raumgehaltes
(Netto-Abzüge).

Wie bereits früher dargelegt, machte sich bereits bei der Einführung des Moorsomschen Systems der Schiffsvermessung das Bestreben geltend, das Prinzip der **Ladefähigkeit** als Grundlage der Abgabenerhebung in versteckter Form wieder einzuführen, indem man nur die für Aufnahme von Ladung verwendbaren Schiffsräume der Abgabenpflicht unterwarf. Abgaben lasteten also fast in allen Ländern, die das Moorsomsche System annahmen,[3]) ausschließlich auf dem nach Abzug der nicht für Ladung brauchbaren Räume verbleibenden Netto-Raumgehalt, und da bei der oben angedeuteten Verquickung von Abgabenerhebung und Statistik der Netto-Raumgehalt in weitaus den meisten Fällen die für die Schiffahrts-, besonders für die Schiffsverkehrsstatistik maßgebende Größe darstellte, so ist eine Erläuterung der sogenannten Netto-Abzüge und ihrer Entwickelung von fundamentaler Bedeutung für die Beurteilung des Wertes der Schiffahrtsstatistik.

Als wichtige Tatsache ist dabei zunächst hervorzuheben, daß die Netto-Abzüge in weitaus überwiegendem Maße nur die Größenangaben

---

[1]) Vgl. Jaugeage des Navires (Décret du 22. Juin 1904, Circulaire du 25. Juin 1904 Réglement annexe à la circulaire du 25. Juni 1904) Paris, Challamel 1905, 24 S.
[2]) Was darunter zu verstehen ist, wird näher erläutert in der eben erwähnten Schrift Jaugeage des Navires S. 20.
[3]) Eine Ausnahme bildeten zeitweise nur die Vereinigten Staaten, wo die Abgaben auf Grund des Brutto-Raumgehaltes erhoben wurden.

der Dampfer beeinflussen. Für Segelschiffe haben sie weit weniger zu bedeuten. Im folgenden wird daher in erster Linie von den Netto-Abzügen der Dampfer die Rede sein.

Das Prinzip, den Bewegungsapparat der Dampfschiffe, weil für die Ladefähigkeit nicht in Betracht kommend, von den Abgaben zu befreien, tritt fast gleichzeitig mit der Entstehung der Dampfschiffe überhaupt auf. Schon das britische Vermessungsgesetz von 1819 (59. George III c. 5) bestimmte, daß bei Dampfern die Länge des Maschinenraumes von der für die Berechnung des Tonnengehaltes maßgebenden Länge abzusetzen sei, und diese Bestimmung wurde bei der Einführung des New Measurement in modifizierter Gestalt wiederholt. Der Mißbrauch, der in einzelnen Fällen durch übermäßige Ausdehnung des Maschinenraumes mit dieser Bestimmung getroffen wurde, führte jedoch dazu, bei der Annahme des Moorsomschen Systems in Großbritannien hinsichtlich der Netto-Abzüge für den Maschinenraum einen neuen Modus, in Form prozentueller Abzüge vom Brutto-Raumgehalt, zu befolgen. In anderen Ländern, insbesondere in Deutschland, wurde bei Einführung der Moorsomschen Vermessung die ältere Regel des Abzugs der wirklichen Maschinen- und Kohlenräume beibehalten, und eine dritte Regel, die einen Mittelweg darstellt, wurde 1871 von der Europäischen Donaukommission aufgestellt und 1874 für die Vermessung der den Suez-Kanal passierenden Schiffe angenommen. Dementsprechend unterscheidet man hinsichtlich der Netto-Abzüge für die Maschinen- und Kohlenräume der Dampfer

    1. die britische Regel,
    2. die deutsche Regel,
    3. die Donau-Regel (Suez-Kanal-Regel),

deren Wesen nachfolgend noch näher zu erläutern ist:

    1. **Die britische Regel.** Diese, zuerst in der Merchant Shipping Act 1854, Sect. 23, festgesetzt, unterscheidet zwei Fälle:

a) Beträgt der von Kesseln und Maschinen (bei Schraubendampfern auch vom Wellentunnel) eingenommene Raum in einem Raddampfer über 20 und unter 30% des Brutto-Raumgehaltes, in einem Schraubendampfer über 13 und unter 20% des Brutto-Raumgehaltes, so ist bei dem Raddampfer ein Abzug von 37% des Brutto-Raumgehaltes, bei dem Schraubendampfer ein Abzug von 32% vorzunehmen.

b) Bei allen anderen Dampfschiffen (deren Maschinen- und Kesselräume dem Umfang nach entweder über oder unter den oben angegebenen Grenzen liegen) ist in derselben Weise zu verfahren, falls weder die Vermessungsbehörde noch der Reeder dagegen Einspruch erheben. Auf Verlangen einer dieser Parteien kann jedoch der Netto-Abzug in der Weise festgestellt werden, daß der wirkliche Raumgehalt des Maschinen-

und Kesselraums vermessen, und hierzu bei einem Raddampfer ½ dieses Raumgehaltes, bei einem Schraubendampfer ¾ desselben hinzuaddiert werden.

Jn weitaus den meisten Fällen kommt die Regel a) in Anwendung. Die überschüssigen Prozente, welche über den Raumgehalt des Maschinen- und Kesselraums hinaus abgezogen werden, sollen — das ist der Sinn der Bestimmung — den Inhalt der Kohlenbunker, Wellentunnel usw. darstellen.

Es liegt auf der Hand, daß bei Berechnung der Netto-Abzüge nach britischer Regel, also in Prozenten des Bruttoraumgehalts, die Art und Weise der Brutto-Vermessung eine maßgebende Rolle spielt. Daher hat der 32% Abzug durchaus nicht überall dieselbe Bedeutung. In Frankreich z. B. wurde seit Einführung des Moorsomschen Systems bis zum Jahre 1893 der prozentuale Umfang des Maschinenraums (zu dem hier Maschinenschächte stets zugerechnet wurden) im Verhältnis zur Tonnage total du navire festgestellt, und der Netto-Abzug (von 32 oder 37%) in Prozenten eben derselben Größe vorgenommen. Da nun die französische Tonnage total, wie früher gezeigt, relativ größer war als die britische Gross Tonnage, so ist zu vermuten, daß die Maschinenräume in Frankreich häufig nicht die zur Anwendung der vorteilhafteren Regel a) nötigen 13% erreichten, und wahrscheinlich war dies der Grund, der die französische Regierung veranlaßte, durch das Dekret vom 31. Jan. 1893 (Art. 1) anzuordnen, daß künftig als Vergleichsgröße bei Feststellung des prozentualen Umfangs des Maschinenraums nicht die Tonnage total, sondern der Raumgehalt des Schiffskörpers (d. h. Raumgehalt unter dem Vermessungsdeck), Tonnage oder Volume de la coque, zu dienen habe. Da dieser sogar relativ noch kleiner ist als die britische Gross Tonnage, so ist es ein Leichtes, die erforderlichen 13% zu erreichen. Nun erhob sich aber eine andere Schwierigkeit: denn wenn nun auch der Netto-Abzug in Prozentsätzen du volume de la coque berechnet wurde, so fiel auch er kleiner aus, und damit war den französischen Reedern nicht gedient. Mit der Findigkeit, die wir an den Vätern der französischen Schiffsvermessung zu bewundern mehrfach Gelegenheit haben, wurde ein Ausgang auch aus diesem Dilemma entdeckt. Das Dekret bestimmte einfach, daß der Prozentsatz des Maschinenraums zwar vom Volume de la coque bestimmt, der Prozentsatz des Netto-Abzugs für die Maschinenräume jedoch auf Grund der Tonnage total du navire berechnet werde, also auf Grund einer ganz anderen und zwar erheblich umfangreicheren Größe! Die Bestimmung des Netto-Raumgehaltes ging also in Frankreich fortan auf folgende sonderbare Weise vor sich: es wurde festgestellt, ob der Maschinenraum 13% des Volume de la coque ausmache, dann wurden 32% vom Tonnage total

Netto-Abzüge.

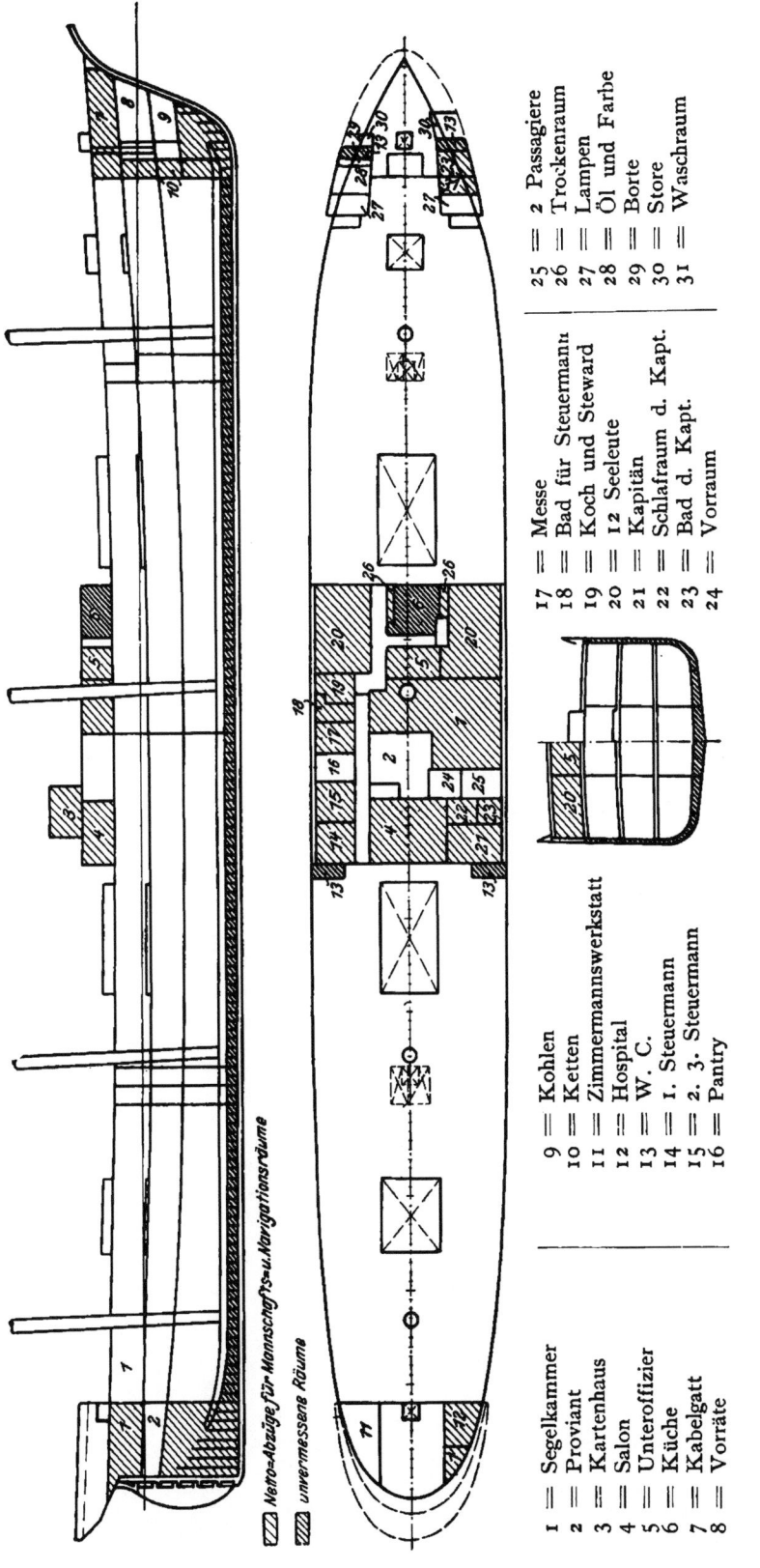

Fig. 1. **Vermessung eines Segelschiffs (Viermastbark).**

Länge: 98,22 m. Brutto-R.G.: 3054 RT. Netto-R.G.: 2822 RT. $\dfrac{\text{Netto}}{\text{Brutto}} = 0{,}92.$

1 = Segelkammer
2 = Proviant
3 = Kartenhaus
4 = Salon
5 = Unteroffizier
6 = Küche
7 = Kabelgatt
8 = Vorräte
9 = Kohlen
10 = Ketten
11 = Zimmermannswerkstatt
12 = Hospital
13 = W. C.
14 = 1. Steuermann
15 = 2. 3. Steuermann
16 = Pantry
17 = Messe
18 = Bad für Steuermann
19 = Koch und Steward
20 = 12 Seeleute
21 = Kapitän
22 = Schlafraum d. Kapt.
23 = Bad d. Kapt.
24 = Vorraum
25 = 2 Passagiere
26 = Trockenraum
27 = Lampen
28 = Öl und Farbe
29 = Borte
30 = Store
31 = Waschraum

berechnet, abgezogen aber wurden diese wieder vom Volume brut légal. — Mit der Annahme der britischen Vermessungsregeln durch das Dekret vom 22. Juni 1904 hat Frankreich diese fast wie ein wenig Hexerei anmutende Berechnung der Netto-Abzüge aufgegeben und sich dem britischen Verfahren angeschlossen, das die Schwierigkeit, die die Erreichung der vorteilhaften 13 % bereitet, auf andere Weise behebt. Um den Reedern in dieser Hinsicht entgegenzukommen, bestimmte nämlich die Merchant Shipping Act von 1889, Sect. 2, daß Maschinenschächte (spaces above the crown of the engine room and above the upper deck as is framed in for the machinery or for the admission of light and air, gewöhnlich kurz light-and-air-spaces genannt) zwar an sich von der Bruttovermessung auszuschließen seien, daß aber **auf Antrag des Reeders** dieser Raum oder ein Teil davon zum Maschinenraum hinzugerechnet werden könne, unter der Bedingung natürlich, daß er dann auch zum Bruttoraumgehalt geschlagen wird. Von dieser Möglichkeit wird nun in allen den Fällen Gebrauch gemacht, wenn der **eigentliche** Maschinenraum nicht ganz die Größe von 13 % des Bruttoraumgehaltes erreicht, der Reeder sich also mit der Anwendung der minder vorteilhaften Regel b) begnügen mußte.[1]) Mit der Annahme der britischen Vermessungsregel im Jahre 1895 fand, nebenbei bemerkt, diese Bestimmung auch in Deutschland Eingang.

2. **Die deutsche Regel** (vgl. Deutsche Schiffsvermessungs-Ordnung 1872, § 16). Es wird der wirkliche Raumgehalt der Maschinen- und Kesselräume (einschl. des Wellentunnels und der Luft- und Lichtschächte) sowie der Kohlenbunker, aus denen Heizmaterial unmittelbar vom Maschinenraum entnommen

1 = Aufwärter
2 = Tank
3 = Küche
4 = Elektr. Raum
5 = Postraum
6 = Salon
7 = Kartenhaus
8 = Steuerhaus
9 = Maschinenraum
10 = Kesselraum
11 = Küche für Matrosen
12 = Heizer
13 = Ketten
14 = Kabelgatt
15 = Ober-Maschinist
16 = Assistent
17 = 3. und 4. Offizi
18 = 2. Offizier
19 = 1. Offizier
20 = Store
21 = W. C.
22 = Bad
23 = Koch und Junge
24 = Maschinen-Schacht
25 = Kessel-Schacht
26 = 2. Maschinist
27 = 3. und 4. Maschinist
28 = Messe für Offiziere
29 = „   „ Maschinisten
30 = Pantry
31 = Lampen
32 = Büro
33 = Hospital
34 = Lotsen
35 = Proviant
36 = Steward
37 = Kapitän
38 = Zimmermann
39 = Küche für Heizer
40 = Heizer
41 = Scheinwerfer
42 = Matrosen
43 = Boots- u. Zimmermann

---

[1]) Über die Bedeutung dieser Vermessungspraxis vgl. bes. H. Herner, Die Schiffsvermessung und ihre wirtschaftliche Bedeutung (Hansa 1910 No. 38 u. 39). Bei einem Dampfer von 10000 cbm = 3533 RT Brutto-R.G. würde sich, wenn der Maschinenraum von tatsächlich 12 % des Bruttoraumgehalts durch die oben angegebenen Mittel auf 13 % hinaufgedrückt werden kann, eine Ersparnis von 390 RT ergeben, für welche keine Abgaben

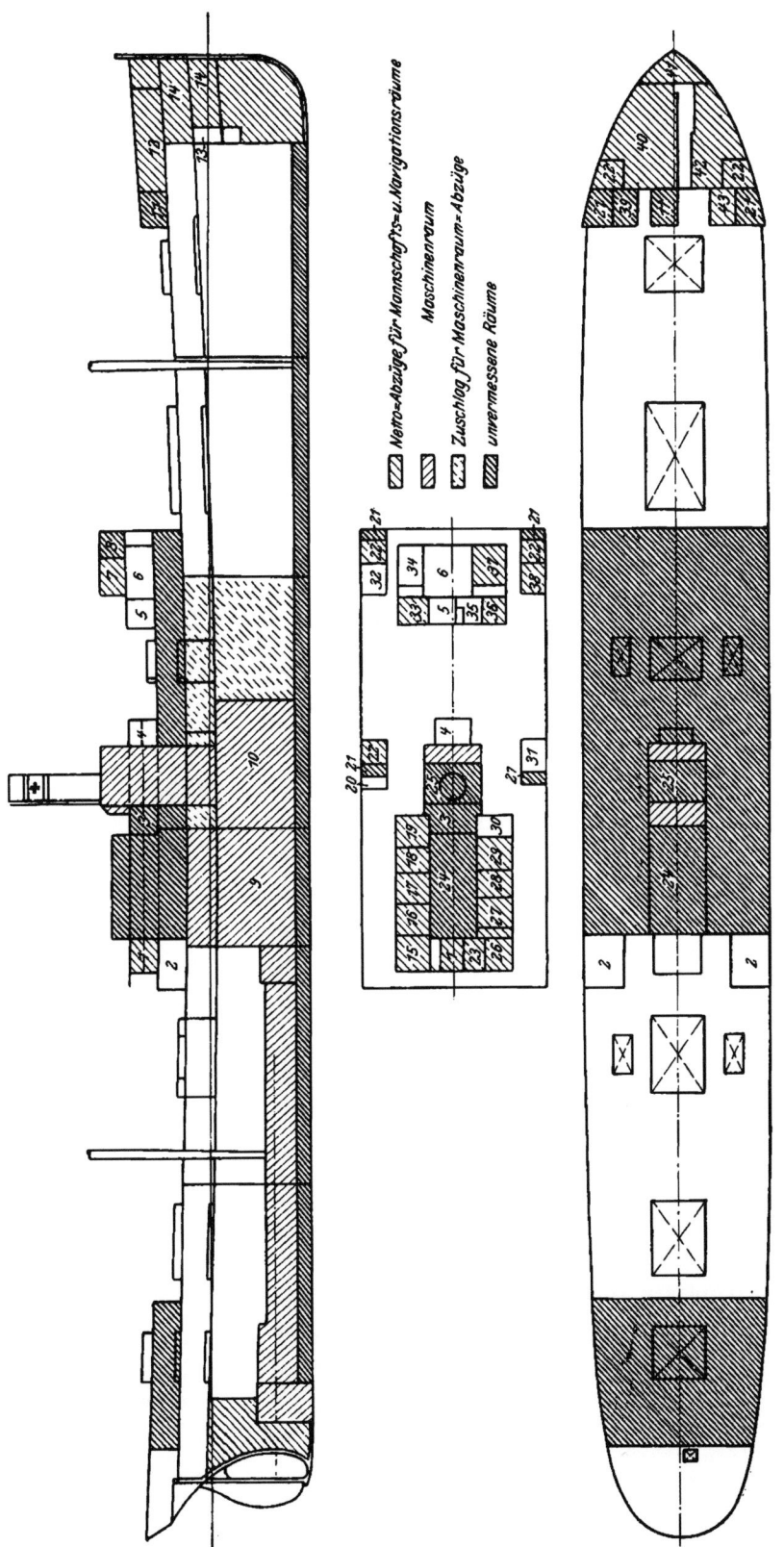

Fig. 2. Vermessung eines Frachtdampfers nach der britischen Regel a.

Länge: 118,73 m. Brutto-R.G.: 4714 RT. Netto-R.G.: 3020 RT. $\frac{\text{Netto}}{\text{Brutto}} = 0{,}647$.

werden kann, vermessen und vom Brutto-Raumgehalt des Schiffes abgezogen. Der Abzug darf jedoch die Hälfte des Brutto-Raumgehaltes nicht übersteigen, außer bei Schlepp- und Bergungsdampfern, wo die Höhe des Abzugs nicht beschränkt ist.

3. Die Donau-Regel. Diese entspricht der britischen Regel b) d. h. es wird der wirkliche Raumgehalt der Maschinen und Kesselräume (nicht der Kohlenräume) vermessen und samt einem Zuschlag von 50% bei Rad- und 75% bei Schraubendampfern vom Brutto-Raumgehalt in Abzug gebracht. Jedoch darf der Gesamt-Abzug nicht 50% des Brutto-Raumgehaltes übersteigen.

Über die Annahme und Anwendung dieser drei Regeln in den verschiedenen schiffahrttreibenden Ländern wird an anderer Stelle die Rede sein (s. Teil III). Hier sei nur noch bemerkt, daß der schwerwiegendste Fehler der meistverbreiteten Regel, der britischen, der ist, daß bei Anwendung der Regel b) eine obere Grenze für den Netto-Abzug nicht gezogen ist. Es ist also unter Umständen (die übrigen noch hinzukommenden Nettoabzüge, worüber weiter unten, in Betracht gezogen) möglich, einen Dampfer zu konstruieren, bei dem der Nettoraumgehalt = 0 oder sogar eine negative Größe ist. Tatsächlich haben sich solche Fälle in nicht geringer Zahl ereignet, und die Opposition, die sich gegen solchen Mißbrauch erhoben hat, befürwortet daher in erster Linie eine Beschränkung des Nettoabzugs für Maschinenräume auf 40—60% des Bruttoraumgehaltes.[1]

Zu den Nettoabzügen für Maschinenräume treten jedoch noch weitere Abzüge vom Bruttoraumgehalt hinzu. In dieser Beziehung weisen die Vermessungsvorschriften der verschiedenen Länder mannigfache Verschiedenheiten auf, und wir müssen uns daher begnügen, die einschlägigen Hauptpunkte in der Schiffsvermessung Großbritanniens, Deutschlands und Frankreichs hervorzuheben.

In Großbritannien waren, wie bereits früher erwähnt, die zur Unterbringung der Mannschaft dienenden Räume durch die Merchant Shipping Act von 1854 bis zu einem gewissen Prozentsatz von der Bruttovermessung überhaupt ausgeschlossen. Durch die Amendment Act von 1867 (30. u. 31. Victoria c. 124) Sect. 9 wurde dagegen bestimmt, daß alle Mannschaftsräume über oder unter Deck (ohne prozentuale Begrenzung), welche gewisse sanitäre Bedingungen erfüllten, vom Bruttoraumgehalt abzuziehen seien. Aus dem Widerspruch der Bestimmungen von 1854 und 1867 ergaben sich die bereits oben (S. 10) geschilderten Komplika-

---

zu zahlen sind. Das entspricht nach einer englischen Rechnungsregel (2 £ pro RT Netto-Abzug) einer jährlichen Unkosten-Ersparnis von 15 600 ℳ.

[1] Vgl. Report of the Committee appointed by the Board of Trade to inquire into the operation of Sections 78 u. 87 of the Merchant Shipping Act 1894, in regard to the Measurement of the Tonnage of Steam Ships (London 1906) S. 8—9.

tionen. Erst die Merchant Shipping (Tonnage) Act von 1889 (52. u. 53. Vict. c. 43) machte der Unklarheit ein Ende, indem sie in Sect. 1, § 1 u. 2, die entsprechenden Bestimmungen von 1854 widerrief und denjenigen von 1867 ausschließliche Geltung zusprach. Außerdem aber dehnte das Gesetz von 1889 (Sect. 3) die Nettoabzüge noch auf folgende weitere Räume aus:

a) Bei allen Schiffen: die Kajüte des Kapitäns, die Räume für Handhabung des Ruders, Ankerspills und Ankergeschirrs, für Aufbewahrung der Karten, Signale, Bootsmannsvorräte, endlich diejenigen für Hilfsmaschinen und -kessel. Übrigens wurden alle die letztgenannten für die Navigierung des Schiffes erforderlichen Räume nur dann vom Bruttoraumgehalt abgezogen, wenn sie sich unter dem Vermessungsdeck befanden. Lagen sie über dem Vermessungsdeck, so wurden sie in den Bruttoraumgehalt überhaupt nicht einvermessen, durften also auch nicht abgezogen werden.[1])

b) Bei Segelschiffen: die Segelkammern, d. h. die Räume zur Unterbringung der Segel, und zwar bis zu einem Maximalbetrage von 2½ % des gesamten Bruttoraumgehalts. Diese Bestimmung wurde auf die Beschwerde der Segelschiffsreeder hin eingefügt, die sich mit Recht bisher gegenüber den Dampfschiffsreedern benachteiligt fühlten, da die Segelkammern ebensowenig für die Verstauung der Ladung verwertet werden konnten, wie bei Dampfern die Maschinenräume.

Vorbedingung bei allen diesen Nettoabzügen war, daß die betreffenden Räume nach dem Urteil der Vermessungsbehörde als „reasonable in extent and properly and efficiently constructed for the purpose for which it is intended" befunden würden.

Die Merchant Shipping Act von 1894 (57. & 58. Vict. c. 60) begnügte sich, diese Bestimmungen erneut zusammenzufassen und zu wiederholen. Eine abermalige Vergrößerung der Nettoabzüge brachte dagegen die Merchant Shipping Act von 1906 (6. Edward VII. c. 48). Nicht nur erhöhte sie die Mindestgröße der pro Mann zur Verfügung zu stellenden Mannschaftsräume (Sect. 64), sondern sie bestimmte auch, daß alle Wasserballasträume (unabhängig vom Doppelboden) vom Bruttoraumgehalt abzuziehen seien (Sect. 54).

Alles in allem läßt sich also in Großbritannien von 1854 bis zur Gegenwart ein stetiges Anwachsen der Nettoabzüge feststellen, ein Anwachsen, das bei Verwertung der Schiffahrtsstatistik ebenso in Betracht gezogen werden sollte, wie die Zunahme der überhaupt nicht in den Bruttoraumgehalt einvermessenen Räume.

Deutschland befolgte im allgemeinen die Politik, den Maß-

---

[1]) S. Instructions relating to the Measurement of Ships 1895, Sect. 5 (vgl. oben S. 11). Hilfsmaschinen und -kessel sind natürlich nicht abzuziehen, falls sie innerhalb des Hauptmaschinenraums stehen.

regeln des führenden Schiffahrtsstaates, Großbritanniens, Schritt für Schritt nachzufolgen, um seine Reederei bei der Abgabenerhebung nicht gegenüber der internationalen Konkurrenz zu benachteiligen. Dabei ergaben sich doch von Fall zu Fall gewisse Unterschiede. So bestimmte die Schiffsvermessungs-Ordnung von 1872 (§ 15), daß Mannschaftsräume, gleichgültig ob über oder unter Deck, vom Bruttoraumgehalte abzuziehen seien, also wie in England seit 1867, jedoch mit dem Unterschiede, daß die Höhe des Abzuges auf höchstens 5 % = $1/_{20}$ des gesamten Bruttoraumgehaltes beschränkt wurde.

Im Jahre 1888 wurden die Nettoabzüge bedeutend erweitert, indem sie außer auf sämtliche Mannschaftsräume einschließlich Speise- und Badezimmer, Kombüse, Klosetts usw. auf die Navigations- und Kartenzimmer, Ruderhäuser, Signalhäuser usw., überhaupt alle gedeckten und abgeschlossenen Räume über oder unter Deck, welche Bedienungsvorrichtungen für das Schiff enthielten, ausgedehnt wurden. Doch durfte der Gesamtabzug für Mannschafts- und Navigationsräume einen gewissen, mit der Größe der Schiffe sinkenden Prozentsatz des Bruttoraumgehaltes (von 18 % bei Schiffen bis einschl. 50 cbm BrRG bis $6^{1}/_{2}$% bei Schiffen von über 3000 cbm BrRG) nicht überschreiten. Im Jahre 1895 endlich schloß sich Deutschland in der neu erlassenen Schiffsvermessungs-Ordnung hinsichtlich der Nettoabzüge eng an die britischen Bestimmungen von 1889/94 an. Demnach wurde ein Teil der bisher unter die Nettoabzüge fallenden Räume (Navigationsräume, Kombüse usw. über Deck) überhaupt

1 = Vorräte
2 = Messe
3 = Küche
4 = Steuermann und Koch
5 = Maschinen- u. Kessel-
6 = Steuerhaus [raum
7 = Kohlen
8 = Speisewasser
9 = Laderaum
10 = W. C.
11 = Mannschaftsraum
12 = Stauraum
13 = Kabel
14 = Trinkwasser
15 = Ketten
16 = Lampen
17 = 2 Maschinisten
18 = Kapitän

nicht mehr vermessen. Bei Segelschiffen trat der Abzug der Segelkammern im Höchstbetrage von $2^{1}/_{2}$% des BrRG hinzu, dagegen fiel im allgemeinen die Begrenzung der Abzüge auf einen bestimmten Prozentsatz weg. Seitdem hat man sich in Deutschland bemüht, den neuerlassenen britischen Schiffsvermessungs-Bestimmungen möglichst zu folgen, um die Vorteile der Annahme der britischen Schiffsvermessung im Jahre 1895 der deutschen Reederei auch wirklich zuzuwenden. Dementsprechend wurden 1908 im Einklang mit der Merchant Shipping Act von 1906 auch die nicht als Doppelboden anzusehenden Wasserballasttanks unter die Nettoabzüge aufgenommen.[1])

---

[1]) Bundesratsbeschluß vom 12. April 1908.

Netto-Abzüge.

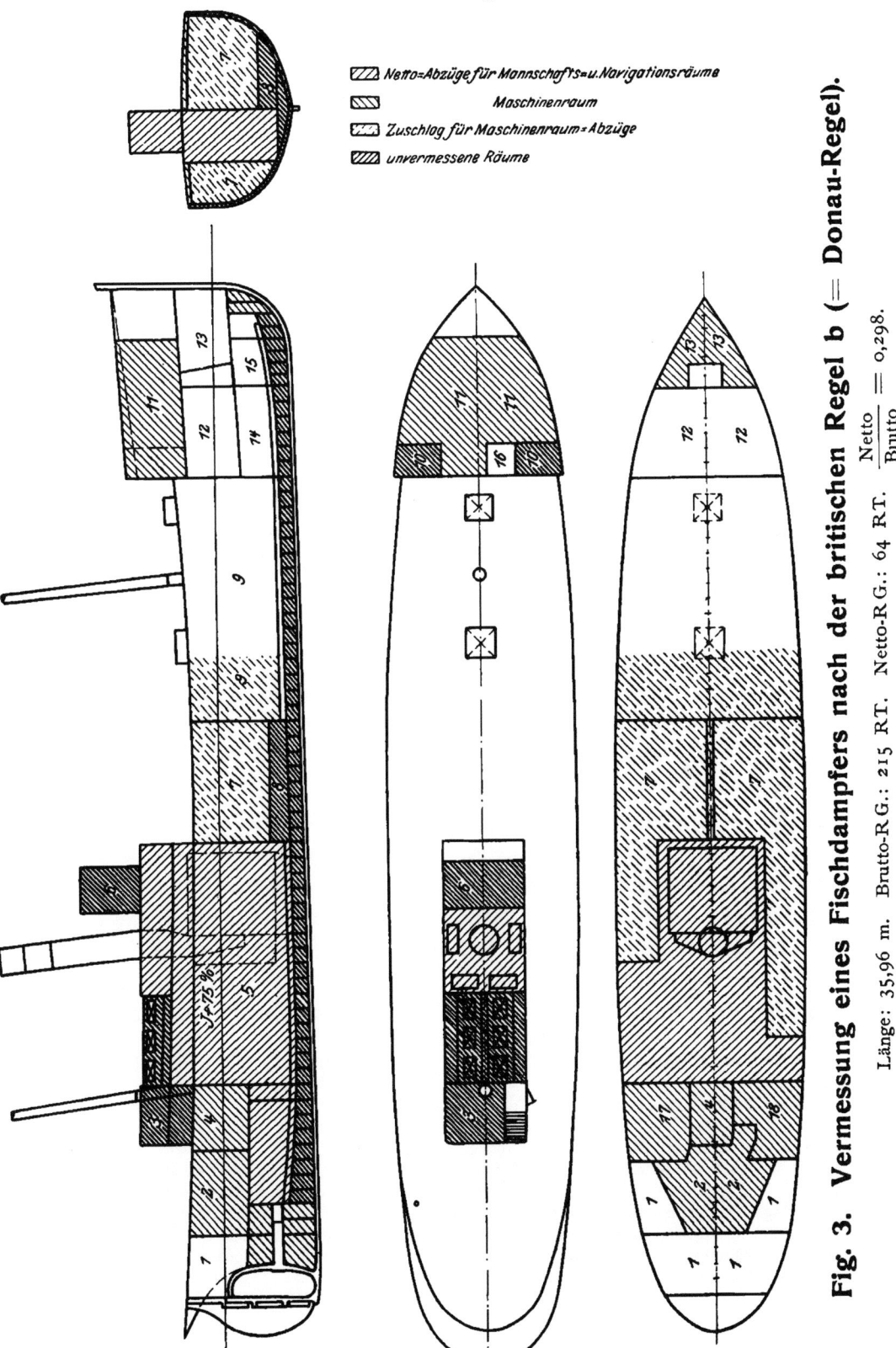

Fig. 3. **Vermessung eines Fischdampfers nach der britischen Regel b (= Donau-Regel).**

Länge: 35,96 m. Brutto-R.G.: 215 RT. Netto-R.G.: 64 RT. $\frac{\text{Netto}}{\text{Brutto}} = 0{,}298.$

Die vorstehenden Ausführungen über die Brutto- und Nettovermessung werden durch Fig. 1—3 erläutert. Fig. 1 stellt die Vermessung eines modernen stählernen Segelschiffes, einer Viermastbark dar, Fig. 2 die Vermessung eines normalen Übersee-Frachtdampfers nach der britischen 32 %-Regel, Fig. 3 die eines Fischdampfers nach der Donauregel. Besonders in die Augen fallend ist bei dem Segelschiff der relativ geringe Umfang der Nettoabzüge, bei dem Frachtdampfer die bedeutende Ausdehnung der Bruttoausschlüsse, bei dem Fischdampfer die Ausdehnung des Maschinenraumabzugs nebst 75 % Zuschlag, der einen erheblichen Teil des nutzbaren Laderaums umfaßt.

Wenn schon in England und, diesem folgend, in Deutschland, eine allmähliche Steigerung der Nettoabzüge zu konstatieren ist, so hat man es zeitweise in Frankreich noch ganz anders verstanden, die Ausdehnung der Nettoabzüge als Mittel zur Verringerung der Schiffahrtsabgaben und damit zur Begünstigung der nationalen Reederei zu benutzen. Ohne auf alle Einzelheiten einzugehen, sei nur bemerkt, daß bis 1887 Frankreich hinsichtlich der Nettoabzüge dieselbe Mäßigung beobachtete, wie die meisten anderen Staaten. Die Abzüge für Mannschaftsräume waren auf 5 % und diejenigen für Maschinenräume (nach britischer Regel) auf 40 % des Bruttoraumgehaltes (Tonnage total) beschränkt.[1])

Durch das Dekret vom 21. Juli 1887 wurde zunächst die letztere Beschränkung aufgehoben. Ein entscheidender Schritt in der Steigerung der Nettoabzüge geschah jedoch vor allem durch das Dekret vom 7. März 1889, welches den Begriff der „espaces inutilisables", d. h. der für die Ladung nicht verwendbaren Räume, einführte. Darunter verstand man (abgesehen von den schon bisher im Einklang mit den anderen Staaten abgezogenen Maschinen-, Mannschafts-, Navigations- usw. Räumen) folgende Räume: die Kettenkasten, Vor- und Achterpiek, Provianträume, Treppenhäuser und Vorräume, Rauch- und Speisesalons (für Passagiere!), die Gänge, Anrichte- und Getränkeausschankräume und sonstige nicht verwertbare Räume unter den Kabinen,[3]) letztere, weil sie in der Regel nur durch eine enge Treppe und immer nur für einen einzelnen Mann zugänglich sind und daher für Ladung nicht benutzt werden können. Weitere

---

[1]) Dekret vom 24. Mai 1873 (Bulletin des lois de la République Française 1873 No. 2091) Art. 11, 14, 16, 20.

[2]) Bulletin des lois 1887 No. 18, 453.

[3]) Bulletin des lois 1889 No. 20874, Art. 3. Il n'y a pas à comprendre dans le tonnage les abris établis sur le pont pour les passagers et admis pour cette destination par l'administration des douanes, tels que: Fumoirs, salons de conversation et de musique, boudoirs pour dames, buvettes, dômes ou descentes d'escaliers. Il n'y a pas non plus à compendre dans le tonnage les espaces dits de la navigation, tels que claires-voies, chambre de veille, chambre des cartes, timonerie, cabine de l'homme de barre, tourelles pour feux de position, cambuse, glacière, boulangerie, lampisterie, hôpital, et en général tous les espaces inutilisables pour le transport des voyageurs et des marchandises.

Neuordnungen der Schiffsvermessung durch die Dekrete von 1893 und eine Menge kleiner Änderungen und Neuerungen im praktischen Vermessungsverfahren, auf die hier im einzelnen nicht weiter eingegangen werden kann, haben die Nettovermessung in Frankreich besonders verwickelt gemacht. Der Erfolg aller dieser Bestrebungen war jedenfalls eine sehr bemerkbare Verminderung des abgabepflichtigen Nettoraumgehaltes. Einige wenige Beispiele mögen dies näher erläutern:[1]

	PS	Brutto	Französische Vermessung Netto	Deutsche Vermessung Vor 1895 Netto	Englisch-deutsche Vermessung Nach 1895 Netto
Franz. Schnell- u. Postdampfer					
„La Touraine" .	13000	8429	2881[2]	—	3378[3]
„La Lorraine" .	22000	11146	2262[4]	—	4505[3]
Französischer Frachtdampfer (in England geb.)[5] .	—	4788	2792	—	—
Franz. Passagierdampfer (in England geb.)[5] .	—	9060	2147	3750	3054
Deutsche Schnelldampfer					
„Fürst Bismarck" .	16400	8847	1732	4464	3226
„Deutschland" .	37800	16502	1990	—	5195

Um zu zeigen, daß die Nettoabzüge in Frankreich auch bei Segelschiffen (bei welchen in Deutschland und England der Unterschied zwischen Brutto- und Nettoraumgehalt unwesentlich zu sein pflegt) einen beträchtlichen Grad erreichen konnten, sei das Beispiel der französischen Viermastbark „Quevilly", eines stählernen Petroleumtankschiffes, angeführt. Dieses Schiff hatte nach französischer Vermessung einen Raumgehalt von brutto 3482 RT und netto 1710 RT (also 49% des Brutto-RG), nach amerikanischer Vermessung dagegen zählt es netto 3106 RT![6]

Die wachsenden Unzuträglichkeiten, denen sich die französischen Schiffe infolge ihrer abnormen Nettovermessung bei der Abgabenerhebung in fremden, besonders amerikanischen und englischen Häfen ausgesetzt

---

[1] Für weitere Beispiele vgl. Report of the Comissioner of Narigation 1894 (Washington 1894) S. 46f.
[2] Nach Colin, Navigation Commerciale p. 345.
[3] Nach Bureau Veritas, General-Register der Handelsmarine 1907.
[4] Hansa 1901 S. 579.
[5] Isakson, Schiffsvermessungsgesetze S. 419.
[6] Hansa 1900 S. 50.

sahen, sowie der zunehmende Ausfall an Hafenabgaben in den französischen Häfen, haben jedoch die französische Regierung veranlaßt, durch Dekret vom 22. Juni 1904 (mit Geltung vom 1. Juli 1904[1]) die britische Brutto- und Nettovermessung genau nach dem in England geübten Brauche für die französische Handelsmarine einzuführen. Die Rechnung mit Espaces inutilisables ist damit in Wegfall gekommen und das Prozentverhältnis zwischen Brutto- und Nettoraumgehalt hat sich in den letzten Jahren in Frankreich allmählich dem in Großbritannien und Deutschland geltenden angenähert (s. darüber im III. Teil). Als ein Kuriosum verdient bemerkt zu werden, daß noch in der jetzt geltenden französischen Schiffsvermessungs-Ordnung, obwohl sie den ausgesprochenen Zweck hat, möglichste Gleichheit mit der britischen Vermessung herbeizuführen, im Prinzip für die Maschinenraumabzüge die sog. deutsche Regel festgesetzt ist, während die britische Regel nur unter der Bezeichnung „Disposition transitoire" figuriert,[2]) tatsächlich aber natürlich allein in Geltung ist.

Die Folgerungen, die sich aus dem gegenwärtigen Zustand der Schiffsvermessung für die Bewertung der Schiffahrtsstatistik ergeben, werden unten im III. Teile eingehend erörtert werden. Hier sei nur soviel bemerkt, daß die Schiffsvermessung zur Ermittlung des Netto- und Bruttoraumgehaltes — was nach dem Vorstehenden nicht wundernehmen kann — Jahr für Jahr ein immer mangelhafteres Bild der wirklichen Leistungsfähigkeit der Seeschiffe und damit auch des wirklichen Seeverkehrs ergibt. Dieser Zustand ist natürlich nicht unbeachtet geblieben, und es mehren sich die Stimmen, die eine gründliche Besserung der jetzigen Verhältnisse, eventuell durch radikale Beseitigung der Raumgehaltsvermessung, fordern. Nachfolgend mögen daher noch die beiden anderen Maßstäbe, die der Vergleichung der Schiffe dienen können, das Deplacement und die Tragfähigkeit besprochen und insbesondere die Frage erörtert werden, wie sich diese beiden Größen zum Netto- und Bruttoraumgehalt verhalten, ob ein Ersatz der Raumgehaltsvermessung durch Deplacements- und Tragfähigkeitsvermessung möglich ist, und welche Bedeutung ein solcher Ersatz für die Statistik der Seeschiffahrt haben würde.

5. Raumgehalt und Deplacement.

Wie eingangs auseinandergesetzt, dient als ein zweiter Maßstab zur Messung und Vergleichung von Schiffsgrößen das Deplacement, d. h. das Gewicht der vom schwimmenden Schiffskörper „deplacierten" oder

---

[1]) Vgl. Jaugeage des Navires (Décret du 22. Juin 1904, Circulaire du 25. Juni 1904 No. 3426, Règlement annexe à la circulaire du 25. Juin 1904) Paris 1905.
[2]) Jaugeauge des Navires S. 16, 18.

verdrängten Wassermasse, das natürlich dem Gewichte des Schiffes gleichkommt. Als Maßeinheit bei Angabe des Deplacements verwendet man die internationale Gewichtstonne von 1000 kg oder die englische ton von 1016,05 kg. Zur Vergleichung der Größe von Handelsschiffen ist die Angabe des Deplacements nicht üblich und nicht geeignet, außer zu schiffbaulichen Zwecken, da es naturgemäß je nach dem Umfang der eingenommenen Ladung und Ausrüstung ganz verschieden sein wird. Beim Schiffbau unterscheidet man das Deplacement der Leichtwasserlinie, d. h. das Gewicht des unbeladenen Schiffes und das Ladeliniendeplacement oder das Gewicht des beladenen Schiffes. Die Differenz zwischen beiden stellt das zulässige Gewicht der Ladung, m. a. W. die Tragfähigkeit des Schiffes dar. Da im Gegensatz zu den Handelsschiffen die Kriegsschiffe stets relativ gleichmäßig beladen sind, so bedient man sich bei diesen des Deplacements als der allgemein üblichen Maßangabe. Übrigens schwankt auch bei Kriegsschiffen selbstverständlich das Deplacement je nach dem Umfang der Kohlenladung, der Munitionsausrüstung usw., ein Umstand, der neuerdings bei der seit Beginn der „Dreadnought-Ära" beliebten Geheimhaltungspolitik eine gewisse Rolle spielt. Es ist daher jetzt vielfach üblich, bei großen Kriegsschiffen eine doppelte Deplacementsangabe, für normalen und maximalen Kohlenvorrat, zu machen.[1]) Verschiedenheiten in der Deplacementsangabe eines und desselben Schiffes können auch davon herrühren, daß es in englischen oder internationalen Tons gemessen ist. Vor allem ist vor dem weitverbreiteten Mißverständnis zu warnen, als ob die Angabe des Deplacements in Tonnen gleichwertig und gleichbedeutend sei mit der Angabe des Raumgehalts in Registertons. Bemerkungen, wie man sie gelegentlich in Zeitungen usw. findet, als sei z. B. ein „Dreadnought" von 20 000 t Deplacement gleichgroß mit einem Schnelldampfer wie „Kronprinzessin Cecilie" von ca. 20 000 Registertons brutto, sind absolut falsch und irreführend. Das letztgenannte Schiff hat ein bedeutend größeres Deplacement als 20 000 t, nämlich 31 300 t. Ein bestimmtes gleichmäßiges Verhältnis zwischen Deplacement und Bruttoraumgehalt läßt sich nicht angeben, da es je nach der Bauart des Schiffes und, wie oben bemerkt, je nach dem Umfang der Ladung und Ausrüstung schwankt. Um jedoch einen ungefähren Begriff dieses Verhältnisses zu vermitteln, seien nachfolgend einige entsprechende Daten für eine Anzahl Handelsdampfer[2]) und Kriegsschiffe mitgeteilt:

---

[1]) Vgl. Nauticus 1910 S. 517 f., Weyer, Taschenbuch der Kriegsflotten 1910 S. 30 Anm.
[2]) Unter Deplacement bei den Handelsdampfern ist das Deplacement des vollbeladenen Schiffes bei maximalem Sommerfreibord-Tiefgang verstanden.

	Brutto-Raumgehalt RT zu 2,83 cbm	Deplacement t zu 1000 kg	Verhältnis Brutto-RG / Deplacement
Great Eastern, Passagierdampfer 1858	18 915	27 400	0,69
Fürst Bismarck, Schnelldampfer 1891	8 874	10 500	0,84
Kronprinzessin Cecilie, Schnelldampfer 1907	19 503	31 300	0,63
Mauretania und Lusitania, Schnelldampfer 1907	31 900	41 500	0,77
Kaiserin Auguste Viktoria, Passagierdampfer 1905	24 581	45 000	0,55
Gneisenau, Reichspostdampfer 1903	8 081	15 180	0,53
Patricia, Fracht- und Passagierdampfer 1899	13 424	25 300	0,53
Liebenfels, Frachtdampfer 1903	4 490	10 200	0,44
Kaiser Barbarossa, Linienschiff 1900	7 423	11 150	0,67
Westfalen, Linienschiff 1908	11 300	18 500	0,61
Scharnhorst, Panzerkreuzer 1906	8 200	11 600	0,71
Kolberg, Kleiner Kreuzer 1908	3 300	4 300	0,77

Roh gerechnet wird man also annehmen dürfen, daß der Bruttoraumgehalt, ausgedrückt in Registertonnen, gegenwärtig bei Frachtdampfern und mäßigschnellen Passagierdampfern die Hälfte, bei Schnelldampfern und Kriegsschiffen zwei drittel bis drei viertel und mehr des Deplacements in metrischen Gewichtstonnen beträgt.

6. Raumgehalt und Tragfähigkeit.

Als dritter Maßstab zur Vergleichung der Schiffsgrößen bleibt die Tragfähigkeit zu erwähnen. Unter dieser versteht man das Gewicht, welches in das leere Schiff verladen werden muß, um es auf den höchst zulässigen Tiefgang zu bringen, oder, was dasselbe besagt, um es so tief zu beladen, daß ihm das zulässige Mindestmaß an Freibord verbleibt. Die Tragfähigkeit kann daher auch als ein Teil des Deplacements des vollbeladenen Schiffes angesehen werden, nämlich als derjenige Teil, der nach Abzug des Eigengewichts des Schiffskörpers übrig bleibt. Daraus folgt wieder, daß Tragfähigkeit und Eigengewicht in einem gewissen Verhältnis zu einander stehen. Je mehr bei gleichbleibender Festigkeit des Schiffskörpers dessen Gewicht verringert werden kann, desto größer wird die Tragfähigkeit und damit die Rentabilität des Schiffes sein. So erklärt es sich, daß eiserne Schiffe hinsichtlich der Tragfähigkeit vorteilhafter sind als hölzerne, und stählerne vorteilhafter als eiserne.

Die Tragfähigkeit ist zunächst eine Gewichtsgröße und wird gegenwärtig in Gewichtstonnen gemessen, entweder in metrischen Tonnen zu 1000 kg oder in englischen Tons zu 2240 lbs. = 1016 kg, die man als tons dead weight (tons d. w.) zu bezeichnen pflegt. In England versteht man speziell unter Cargo carrying capacity, ausgedrückt in tons dead weight, die Bruttotragfähigkeit des Schiffes, d. h. die Tragfähigkeit in dem Zustande, in dem es von der Werft betriebsfertig geliefert wird, mit Maschinen etc., aber ohne Kohlen, Vorräte und dergleichen. Zieht man von der Bruttotragfähigkeit noch das Gewicht der Kohlen, des Speisewassers, Proviants, des sonstigen zum Betrieb erforderlichen mobilen (also nicht von der Werft gelieferten) Ausrüstung und der Besatzung ab, so ergibt sich die nutzbare oder Netto-Tragfähigkeit.

Je nach Beschaffenheit der Ladung wird es für Befrachter und Reeder von Wichtigkeit sein, die nutzbare Gewichtstragfähigkeit oder das kubische Raumfassungsvermögen des Schiffes zu kennen. Entweder nämlich wird die Ladung ein so hohes spezifisches Gewicht besitzen, daß sie, ohne den Laderaum völlig auszufüllen, das Schiff auf die höchstzulässige Tiefladelinie sinken macht. Dergleichen Ladung bezeichnet man als Schwergut (englisch ebenfalls, aber in anderem Sinne als oben, dead weight Cargo genannt). Ist die Ladung dagegen von so leichten spezifischem Gewicht, daß das Schiff, selbst wenn der Laderaum völlig ausgefüllt ist, noch nicht auf der maximalen Tiefladelinie schwimmt, so spricht man von Leichtgut (engl. light cargo, light merchandise). Drittens endlich kann der mittlere Fall eintreten, daß die Ladung, indem sie den Raum völlig ausfüllt, das Schiff genau auf die richtige Tiefladelinie bringt.[1] Praktisch haben diese Unterscheidungen die Bedeutung, daß sich die Reedereien, um auf ihre Rechnung zu kommen, in ihren Frachttarifen vorbehalten, die Fracht für eine Ware nach ihrem Gewicht oder nach ihrem kubischen Inhalt zu berechnen. In diesem Sinne wird Leichtgut meist als Raum- oder Maßgut (engl. Measurement Cargo) bezeichnet, weil bei der Frachtberechnung nicht das Gewicht, sondern die Ausmaße oder der räumliche Inhalt

---

[1] Es ist hervorzuheben, daß im Zeitalter der hölzernen Segelschiffe gerade die Ladungen, von deren Transport die Ausdrücke Tonne und Last stammen, nämlich Wein in Fässern und Getreide (insbesondere Roggen, während Weizen spezifisch schwerer ist), von der letztgenannten Art waren, also ihrem spezifischen Gewicht nach auf der Grenze zwischen Schwer- und Leicht-(Raum-)Gut standen. Die Angabe des Fassungsvermögens in Tonnen (Wein) und Last (Getreide) war also ebensowohl geeignet, eine Anschauung von der Gewichts-Tragfähigkeit des Schiffes wie von dem kubischen Inhalt seines Laderaums zu geben. Offenbar hat dieser Umstand dazu beigetragen, beide Bezeichnungen als allgemeine Maßeinheiten für Schiffsgrößen einzubürgern. S. oben S. 2.

zugrunde gelegt werden.[1]) Eine scharfe Grenze zwischen Schwergut und Raumgut ist nicht zu ziehen, da die Frage, ob eine raumfüllende Ladung das Schiff bis auf die Tiefladelinie drückt oder nicht, in gewissem Grade von der Bauart des Schiffes abhängt. In der Praxis wird bei Seglern und normalen Frachtdampfern ohne große Aufbauten die spezifische Gewichtsgrenze für homogene,[2]) den Laderaum gerade ausfüllende Ladungen zwischen 0,5 und 0,6, meist um 0,55 liegen. In England pflegt man den Charakter einer Ladung als Schwer- oder Raumgut nicht durch das spezifische Gewicht (so und so viel Gewicht pro Raumeinheit), sondern umgekehrt durch den Raumbedarf pro Gewichtseinheit auszudrücken. Ein Reeder vereinbart also z. B. mit der Werft bei Bestellung eines Schiffes, es solle eine bestimmte Zahl (in praxi 52—67) Kubikfuß pro ton d. w. fassen können. Da 1 ton d. w. = 36 cbf. Süßwasser ist, entspricht ein spezifisches Gewicht von 0,55 einem Raumbedarf von 63½ cbf. pro ton d. w., ein solches von 0,53 einem Raumbedarf von 67 cbf. pro ton d. w. Daß man bei Annahme des Moorsomschen Systems 1854 als Maßstab nicht die Gewichtstragfähigkeit, sondern den Kubikinhalt des Laderaums einführte, hatte außer in der damals noch bestehenden Schwierigkeit einer direkten Berechnung der Tragfähigkeit (s. oben S. 6) darin seinen Grund, daß **nach übereinstimmender Angabe aller Reedereien die Hauptfrachten Raumgüter waren.**[3]) Auch hier treffen wir wieder den charakteristischen Fehler der britischen Vermessungsakte von 1854, daß Verhältnisse, die vielleicht augenblicklich der Lage entsprachen, keineswegs aber von Dauer zu sein brauchten, für alle Zukunft gesetzlich festgelegt wurden; denn ebensowenig, wie heute die Berechnung des Maschinen- und Kohlenraumes auf 32% des Schiffsraumgehaltes noch zutrifft, ebensowenig kann gegenwärtig die Charakterisierung der wichtigsten Frachtartikel als Raum- oder Maßgüter noch als allgemein gültig anerkannt werden.[4]) Natürlich war es, solange die Verhältnisse den bei Schaffung der Britischen Vermessungsakte von 1854 gültigen Voraussetzungen entsprachen — bei den Seglern ist dies bis zum heutigen Tage der Fall — möglich, durch eine einfache Umrechnung aus dem Raumgehalt unter Deck, der als dem Kubikinhalt des Laderaums oder dem Nettoraumgehalt gleichwertig betrachtet wurde, die Tragfähigkeit

---

[1]) All rates per ton d. w. or shipping ton merchandise (= 40 cbf.), at ships option, lautet gewöhnlich die Klausel.

[2]) Es ist hier, wie weiter oben, natürlich nicht das absolute spezifische Gewicht der eigentlichen Ladung, sondern ihr relatives spezifisches Gewicht gemeint, d. h. das spezifische Gewicht des eigentlichen Ladungsobjektes mit seiner Umhüllung und dem etwa sonst noch beanspruchten Luftraum als eine Größe genommen. Bei Schüttladungen, wie Getreide, Erzen, Kohlen oder bei Petroleum in Tanks fällt natürlich absolutes und relatives spezifisches Gewicht mehr oder weniger zusammen.

[3]) Moorsom, A brief Review S. 35, 37.

[4]) Eisen, Kohlen, Weizen, Salpeter, also vier der wichtigsten Frachtartikel, rechnen als Schwergut.

zu ermitteln. Moorsoms Instruktion[1]) für die Schiffsreeder zur Ermittlung der kubischen Lade- und der Tragfähigkeit aus dem Raumgehalt gab hierzu folgende Regel an:

1. Die räumliche Ladefähigkeit in Freight-tons à 40 cbf. ergibt sich, wenn man den Raumgehalt in RT mit $1^7/_8$ multipliziert.

2. Die Tragfähigkeit in tons d. w. ergibt sich, wenn man den Raumgehalt in RT mit $1^1/_2$ multipliziert.

In beiden Fällen ist der Faktor so gewählt, daß der erforderliche Abzug für Vorräte, Trinkwasser, Besatzung (für eine Reise von mittlerer Dauer berechnet) schon in Anschlag gebracht ist, die Multiplikation mit dem Faktor bei Seglern also die wirklich nutzbare Tragfähigkeit (Nettotragfähigkeit) angibt.[2]) Nicht in Anschlag gebracht ist dagegen der erforderliche Raum- und Gewichtsbedarf an Kohlen und Speisewasser für die Kessel, sowie Raum und Gewicht der Maschine. Für Dampfer war also obige Regel nicht ohne weiteres anzuwenden, da das Gewicht von Maschine, Kohlen- und Wasservorrat je nach Bauart und Reisedauer des Dampfers variierte. Beim großen Durchschnitt der Dampfer gelangte man jedoch ursprünglich zu einem nicht allzusehr von der Formel: „$1^1/_2$ Raumgehalt unter Deck = Tragfähigkeit" abweichenden Resultat, wenn man statt des Raumgehaltes unter Deck den Nettoraumgehalt (d. h. im Durchschnitt der damaligen Dampfer ca. $^2/_3$ des Raumgehalts unter Deck) einsetzte.

Das Verhältnis des Nettoraumgehaltes zur Tragfähigkeit ist, wie bemerkt, bei den Segelschiffen bis in die Gegenwart nahezu konstant geblieben; nur die kleineren Küstenfahrer weisen oft relativ eine etwas höhere Tragfähigkeit, ungefähr bis zum zweifachen des Nettoraumgehaltes auf. Ganz anders bei den Dampfern. Hier hat sich das Verhältnis mit den Fortschritten im Maschinen- und Schiffsbau, vor allem aber durch Änderungen in den Vorschriften und in der Anwendung der Schiffsvermessung (s. unten Teil III) fortgesetzt verschoben, derart, daß gegenwärtig im Durchschnitt die Tragfähigkeit (in t) der mittleren und großen Frachtdampfer auf das $2^1/_2$fache des Nettoraumgehaltes veranschlagt werden kann, das heißt, der Nettoraumgehalt gibt fortgesetzt ein immer schlech-

---

[1]) A brief Explanation of the nature of the Register Tonnage of a Ship as ascertained under the Merchant-Shipping Act 1854; and of the easy means it affords for estimating approximately the Measurements and Deadweight Cargoes of Ships. (Transactions of the Institution of Naval Architects Vol. I. [1860], S. 133).

[2]) Der Raumbedarf für Besatzung, Vorräte und der Ladung hinderliche Schiffsverbände, wie Raumbalken und Stützen usw., wurde auf ca. 25 % des Raumgehalts veranschlagt. Von je 100 cbf. (= 1 RT) verblieben also 75; diese durch 40 (1 freight ton = 40 cbf.) dividiert, ergab $1^7/_8$. Als Gewichtsbedarf für Vorräte wurden ca. 7 % der Deadweight Cargo Carrying Capacity angenommen. Vom Rest sollte je 1 ton d. w. auf 67 cbf. des Raumgehaltes unter Deck entfallen; da 1 ton d. w. = 36 cbf. Wasser ist, so entspricht dies für raumfüllende Ladung einem spezifischen Gewicht von 0,53.

teres Bild von der wirklichen Trag- und Leistungsfähigkeit der Dampfer, er läßt sie im Vergleich mit früheren Zeiten und mit den Seglern zu gering erscheinen. Als **Haupt**ursache dieser Verschiebung ist immer das letztgenannte Moment, die Veränderung oder veränderte Anwendung der Schiffsvermessung zu betrachten, insbesondere in den Staaten, die von der deutschen zur britischen Netto-Abzugsregel oder zu noch weiter gehender Verkleinerung des Nettoraumgehaltes übergegangen sind.[1]) Daneben sind als Umstände, die zur Vergrößerung der Tragfähigkeit im Verhältnis zum Nettoraumgehalt mitwirkten, zu nennen: der durch Einführung sparsamer arbeitender Maschinen verringerte Kohlenverbrauch, die Verringerung des Eigengewichts der Schiffe durch Einführung neuerer Konstruktionen, endlich sogar die gesetzliche Einführung der Tiefladelinie, von der man vielfach das Gegenteil, eine Verringerung der Tragfähigkeit erwartet hatte; eine solche ist jedoch nur bei einzelnen Schiffen eingetreten, in der Gesamtheit der Flotten hat sich eine Vergrößerung der Tragfähigkeit gezeigt, die in Großbritannien z. B. auf 400 000 t d. h. ca. 1½—2% der Gesamttragfähigkeit der Handelsflotte geschätzt worden ist.[2])

Die stärkste Verschiebung des ursprünglichen Verhältnisses Netto: Tragfähigkeit ist bei gewissen Spezialdampfern, insbesondere kleineren Fracht- und Küstendampfern, eingetreten, denen die Vermessungsregeln einen unverhältnismäßig großen Abzug für Maschinen- und Kohlenräume gestatteten, während ihr tatsächlicher Kohlenbedarf bei kurzen Reisen sehr gering war. So wurde durch die Untersuchungen des englischen Tonnage Committee von 1905 festgestellt, daß sich das Verhältnis der tatsächlich beförderten Ladung in t zum Nettoraumgehalt in RT folgendermaßen gestaltete:

Unter 15 in den Mersey Docks, Liverpool, liegenden Küstendampfern von 200—357 RT brutto betrug die relativ geringste Ladung das 3½fache des Nettoraumgehaltes; aber nur bei zwei Dampfern lag das Verhältnis zwischen 3 und 4, dagegen bei vier zwischen 4 und 5, bei sieben zwischen 5 und 6, bei einem betrug es 9,48, bei einem anderen gar 12,05![3]) Darin liegt natürlich eine starke Bevorzugung solcher Dampfer, denn das letztgenannte Schiff z. B. zahlt pro t Ladung nur den achten Teil der Abgaben wie ein Segelschiff etwa gleicher Größe. Bei 44 Dampfern von 200 bis 696 RT brutto, die, meist mit Kohlenladung, in den Bute Docks, Cardiff, lagen (1904)[4]) betrug das Verhältnis im Durchschnitt 4,06, stieg jedoch bei nicht weniger als 26 Dampfern über 4, und erreichte bei einem Dampfer

---

[1]) Vgl. unten S. 87.
[2]) Vgl. Normann Hill in der unten S. 33 A. 1 genannten Denkschrift, S. 5.
[3]) Vgl. Tonnage Committee Report 1906 App. 16 No. 11 (S. 340).
[4]) Tonnage Committee Report 1906, Appendix 18 No. 6, vgl. Laas, Die Nettovermessung der Segelschiffe (Denkschrift d. Deutsch. Naut. Vereins 1908) S. 56.

6,42, bei einem anderen 11,47. Natürlich sind dies extreme Auswüchse, die nicht als typisch für die gesamte Dampferflotte angesehen werden können, aber doch beachtenswert sind. Jedenfalls ist klar, daß bei Dampfern dieser Art eine auf den Nettoraumgehalt basierte Statistik auch nicht annähernd ein Bild der wirklichen Leistungsfähigkeit gibt. Auch wird besonders durch diese Klasse der viele Häfen anlaufenden Küstendampfer die Statistik des Hafenverkehrs stark verfälscht.

Als Maßstab der Leistungsfähigkeit kann die Tragfähigkeit gegenwärtig jedenfalls in weit höherem Maße angesehen werden als der Netto- oder selbst der Bruttoraumgehalt.

Eine Statistik der Handelsflotten auf Grund der Tragfähigkeit aufzustellen, begegnet jedoch einstweilen großen Schwierigkeiten, da statistische Erhebungen über die Tragfähigkeit im allgemeinen nicht stattfinden. Man ist also auf mehr oder minder genaue Schätzungen angewiesen. Eine solche Schätzung für die britische Handelsflotte hat neuerdings Mr. Norman Hill, Sekretär der Liverpool Steam Ship Owner's Association, versucht.[1] Er legt hierbei die Annahme zugrunde, daß die Tragfähigkeit (immer in tons d. w.) beträgt:

bei einem vor 1888 gebauten Eisen- od. Stahldampfer das 2fache,
zwisch. 1888 u. 1898 $2^{1}/_{4}$
1898 u. 1906 $2^{1}/_{2}$
1906 u. 1908 $2^{7}/_{10}$,,
eisernen Segelschiffe $1^{1}/_{2}$
stählernen $1^{7}/_{10}$,,
des Nettoraumgehaltes.

Indem er ferner annimmt, daß 3 Registertonnen netto der Segelschiffe dieselbe Transport-Leistungsfähigkeit haben wie 1 Dampfer-Netto-Registertonne, gelangt er zu dem Schluß, daß die Schwergut-Tragfähigkeit der im auswärtigen Handel beschäftigten britischen Handelsflotte[2] (Segel- und Dampfschiffe) sich belief:

im Jahre 1894 bei 7 553 743 RT Nettoraumgehalt auf 12 400 000 t
1908   9 977 796   22 800 000 t

Hieraus geht hervor, daß sich die Tragfähigkeit der Handelsflotte in viel stärkerem Maße vermehrt hat als der Nettoraumgehalt, wobei zu beachten ist, daß die britische Dampfervermessung seit 1894 keine tiefer-

---

[1] The Liverpool Steam Ship Owners Association. Report prepared by the Secretary to show the relation during recent years of the Tonnage, available and employed, to Foreing Trade (1. October 1909).
[2] Dieser Teil der Handelsflotte machte sowohl 1894 wie 1908 etwa 90 % der gesamten britischen Handelsflotte aus.

greifende Änderung erfahren hat. Durchschnittlich kamen 1894 auf 100 Netto-Registertons britischer Dampfertonnage 210 t dead weight Tragfähigkeit, 1908 dagegen 240 t d. w. Außer dieser, h i e r wesentlich auf die Fortschritte im Schiff- und Maschinenbau zurückzuführenden Steigerung der Tragfähigkeit, ist das Wachstum der Tragfähigkeit der gesamten Flotte, namentlich auch auf den relativen Rückgang der Seglerflotte, zurückzuführen. Nebenbei bemerkt, ist bei obigen Schätzungen nicht berücksichtigt, daß von der Gesamttragfähigkeit der Dampfer ein Teil für Kohlen- und Frischwasserbedarf abgezogen werden sollte, um die wirkliche nutzbare Tragfähigkeit zu erhalten. Die Tragfähigkeit der Dampfer ist also im Vergleich zu der der Segler etwas zu groß angenommen.

Eine genaue Angabe der Tragfähigkeit der deutschen Handelsflotte ist mangels statistischer Unterlagen ebensowenig möglich wie in England. Um jedoch die Tragfähigkeit in ähnlicher Weise wie dort abzuschätzen, war es erforderlich, das durchschnittliche Verhältnis der Tragfähigkeit zum Nettoraumgehalt in den verschiedenen Klassen der Dampfer und Segler zu ermitteln, welches in Deutschland infolge der Änderung der Schiffsvermessung im Jahre 1895 viel größere Verschiebungen erfahren hat als in Großbritannien. Teils auf Grund direkter Mitteilungen der Hamburg-Amerika-Linie und des Norddeutschen Lloyd über die Tragfähigkeit ihrer Schiffe, teils auf Grund einiger Angaben in der Literatur [1]) ist dieses Verhältnis wie folgt berechnet und in den Diagrammen (Fig. 4) dargestellt.

Die Dampfer sind zu diesem Zwecke in 4 Klassen eingeteilt, nämlich: 1. Schnelldampfer; 2. Reichspostdampfer mitsamt (nur in den Jahren 1900 und 1910) Luxusdampfern, d. h. großen Passagier- und Frachtdampfern von mehr als 14,5 Sm. Geschwindigkeit, soweit sie nicht zur Klasse der Schnelldampfer gehören; 3. Fracht- und Passagierdampfer, d. h. alle übrigen Dampfer, soweit sie irgendwelche Einrichtung zur Beförderung von Kajütspassagieren, sei es auch nur einer geringen Zahl, haben; 4. Frachtdampfer, ausschließlich zur Beförderung von Fracht und gegebenenfalls von Zwischendeckpassagieren eingerichtet.

---

[1]) Die Tragfähigkeitszahlen der Dampfer der Hamburg-Amerika-Linie in den Jahren 1890, 1900, 1910 verdanke ich einer zu diesem Zwecke angefertigten Zusammenstellung der Reederei, ebenso diejenigen der Dampfer des Nordd. Lloyd im Jahre 1910 und z. Teil 1900. Für die Jahre 1890 und teilweise 1900 ist die Tragfähigkeit der Lloyddampfer dem Werke von Haak u. Busley, Die technische Entwickelung des Nordd. Lloyds und der Hamb.-Amerik.-Paketfahrt-Akt.-Gesellschaft (Berlin 1893) entnommen. Die Tragfähigkeitszahlen der Deutsch-Australischen Dampfer sind den „Handbüchern" der D. A. D. G. 1906—1909 entnommen, die Zahlen für die Laeiß'schen Segler dem Werke von Laas, Die großen Segelschiffe (Berlin 1908).

Tragfähigkeit.

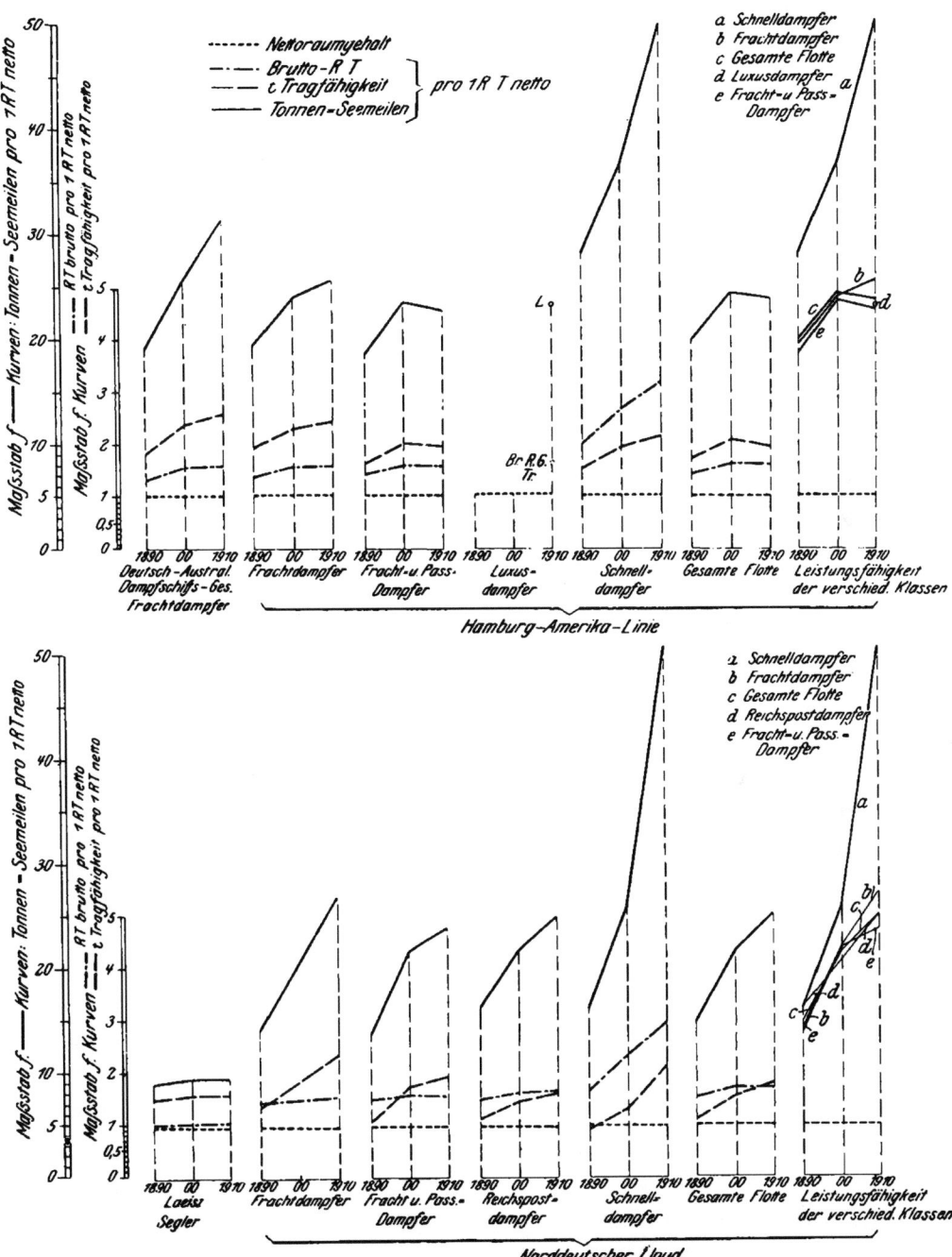

Fig. 4. Verhältnis des Brutto-Raumgehaltes, der Tragfähigkeit und der Leistungsfähigkeit (in Tonnen-Seemeilen) zum Netto-Raumgehalt bei verschiedenen Schiffsklassen und Reedereien in den Jahren 1890, 1900 und 1910.

Tragfähigkeit.

Es ergab sich nun das Verhältnis wie folgt:

Reederei	Jahr	Schiffsklasse	Zahl der Schiffe, für die die Berechnung erfolgte.	Brutto-RT pro 1 Netto-RT	t Tragfähigkeit pro 1 Netto-RT	Durchschnittsgeschwindigkeit, Seemeilen in der Stunde.
Hamb.-Am.-Linie	1890	Schnelldampf.	2	1,99	1,535	18,4
	1900		3	2,655	1,94	18,9
	1910		1	3,18	2,14	23,5
Nordd. Lloyd	1890		9	1,65	0,945	17,15
	1900		7	2,34	1,31	19,0
,,	1910	,,	4	2,88	2,155	23,4
Hamb.-Am.-Linie	1910	Luxusdampfer	14	1,64	1,47	15,9
Nordd. Lloyd	1890	Reichspostdpf.	7	1,51	1,14	14,25
	1900		11	1,623	1,475	14,85
,,	1910	,,	28	1,67	1,64	15,35
Hamb.-Am.-Linie	1890	Fr.-u.Pass.-Df.	17	1,41	1,64	11,25
	1900		39	1,60	2,015	11,7
,,	1910		95	1,58	1,96	11,65
Nordd. Lloyd	1890		19	1,495	1,082	12,7
	1900		24	1,58	1,75	12,4
,,	1910	,,	33	1,57	1,94	12,4
Hamb.-Am.-Linie	1890	Frachtdampfer	17	1,37	1,93	10,0
	1900		27	1,56	2,29	10,5
	1910		48	1,58	2,435	10,5
Nordd. Lloyd	1890		8	1,457	1,372	10,35
	1910		11	1,57	2,39	11,4
Deutsch-Austral.-Dampfsch.-Ges.	1890		3	1,31	1,83	10,36
	1900		10	1,56	2,37	10,84
,,	1910	,,	21	1,60	2,59	12,12
Hamb.-Am.-Linie	1890	Gesamtflotte	36	1,42	1,73	11,45
	1900		69	1,635	2,09	11,63
,,	1910		158	1,61	1,965	12,15
Nordd. Lloyd	1890		43	1,53	1,10	13,60
	1900		42	1,705	1,55	14,0
,,	1910	,,	76	1,705	1,795	14,1
F. Laeisz	1890	Segelschiffe	16	1,032	1,525	—
	1900		16	1,061	1,603	—
	1910		12	1,068	1,610	—

Versuchen wir nun diese Feststellungen anzuwenden auf das Wachstum der deutschen Handelsflotte von 1890 bis 1910, so sind zunächst aus den oben angegebenen, bei den verschiedenen Reedereien mehr oder minder differierenden Zahlen Mittelzahlen zu berechnen. Als solche ergeben sich für das Verhältnis Tragfähigkeit zu Netto:

	1890	1910
bei Schnelldampfern	1,08	2,15
Reichspost- und Luxusdampfern	1,14	1,57 [1])
Fracht- und Passagierdampfern	1,36	1,95
Frachtdampfern	1,74	2,47

Als Tragfähigkeitsfaktor für Segelschiffe und Schleppleichter nehmen wir sowohl für 1890 wie für 1910 1,5 an.

Bei der Einteilung der Dampferflotte in die obigen 4 Klassen bereitet die Aussonderung der Schnelldampfer und der Reichspost-[2]) und Luxusdampfer keinerlei Schwierigkeiten, erhebliche dagegen die Sonderung der Fracht- und Passagierdampfer von den Frachtdampfern, da in der Statistik von 1890 überhaupt keine Anhaltspunkte für eine solche Scheidung gegeben sind, in der von 1910 dagegen die Trennung nach Gesichtspunkten durchgeführt ist, die wir nicht als brauchbar anerkennen können.[3]) Es sind daher für 1910 die Fracht- und Passagierdampfer nach den Angaben im „Nauticus 1910" ausgesondert, während 1890 die Sonderung nach Angaben in den Berichten der Reedereien, im Exporthandbuch der Hamburger Börsenhalle usw., soweit möglich, durchgeführt wurde. Als Resultat ergibt sich dann folgende Zusammenstellung:

---

[1]) Die relativ geringe Tragfähigkeit der Reichspost- und Luxus-Dampfer ist daraus zu erklären, daß diese Schiffe sehr ausgedehnte Räumlichkeiten für Kajütspassagiere haben; daß die Tragfähigkeit der Schnelldampfer relativ größer erscheint, hat wieder seinen Grund in der unverhältnismäßigen Verkleinerung des Nettoraumgehaltes dieser Schiffe durch die heutige Schiffsvermessung.

[2]) Als solche wurden für das Jahr 1910 nur die des Norddeutschen Lloyd gerechnet, dagegen nicht die der Deutschen-Ostafrika-Linie, da diese ihrer Geschwindigkeit nach durchaus zur Klasse der Fracht- und Passagier-Dampfer gehören.

[3]) Vgl. unten S. 47, Anm. 1.

Raumgehalt und Tragfähigkeit der deutschen Handelsflotte:

	1890			1910		
	Raumgehalt		Berechnete Tragfähigkeit	Raumgehalt		Berechnete Tragfähigkeit
	Brutto	Netto		Brutto	Netto	
	RT	RT	t	RT	RT	t
Schnelldampfer	58 854	34 143	36 810	84 622	28 816	62 000
Reichspost- und Luxusdampfer	25 207	16 653	19 030	549 523	332 139	520 500
Fracht- und Passagierdampfer	308 000	214 962	292 350	1 191 546	751 250	1 464 900
Frachtdampfer	538 000	352 153	613 170	2 039 585	1 237 352	3 057 000
Summe der Dampfer .	930 061	617 911	961 360	3 865 276	2 349 557	5 104 400
Küstensegler von 17,5 bis 200 RT	—	96 489	144 730	112 531	100 400	150 600
Europ. Segler von 200 bis 1000 RT	—	345 281	517 920	15 144	13 600	20 400
Ozean. Segler von über 1000 RT	—	261 040	391 560	325 736	290 500	435 750
Seeleichter	—	—	—	111 540	105 174	157 760
Summe der Segler . .	[1]759 034	702 810	1 054 210	564 951	509 674	764 510
Gesamtflotte	1 689 095	1 320 721	2 015 570	4 430 227	2 859 231	5 868 910

Von 1890 bis 1910 hat sich mithin der Nettoraumgehalt der deutschen Handelsflotte um das 2,17 fache, der Bruttoraumgehalt um das 2,62 fache, die Tragfähigkeit dagegen um das 2,92 fache vermehrt. Hiergegen könnte eingewendet werden, daß bei der Tragfähigkeit der Dampfer kein Abzug für Kohlen- und Frischwasservorrat gemacht ist, die angegebene Tragfähigkeit also nicht in vollem Umfange nutzbar gemacht werden kann. Der von Kohlen- und Wasservorrat beanspruchte Tragfähigkeitsanteil ist schwer abzuschätzen, da er je nach Art und Dauer der Reise sowie je nach Lage besonderer Umstände erheblich schwanken wird. Nehmen wir jedoch an, daß die Dampfer durchschnittlich für 14 Tage Kohlen mit sich führen, und daß der Kohlenbedarf 0,75 kg pro Stunde und Pferdekraft beträgt, so kommen wir für den Durchschnittsdampfer auf ca. 10 % der

---

[1]) Da der Bruttoraumgehalt der Segler 1890 nicht statistisch ermittelt ist, so wurde er hier durch Multiplikation des Nettoraumgehaltes mit dem Faktor 1,08 schätzungsweise berechnet.

Tragfähigkeit.[1]) Diese von der oben angeführten Tragfähigkeit abgezogen, verbleiben immer noch:

	Berechnete Tragfähigkeit t 1890	Tragfähigkeit t 1910	Steigerung 1910 gegen 1890 (= 1)
Dampfer insgesamt	865 224	4 593 960	5,3
Gesamtflotte	1 919 434	5 358 470	2,8

7. Die Leistungsfähigkeit der Schiffe.

Aber auch die Tragfähigkeit kann noch nicht als völlig zureichender Maßstab der wirklichen Leistungsfähigkeit der Schiffe und Handelsflotten betrachtet werden. Denn hierbei ist ein wichtiger Faktor außer Betracht gelassen, die Geschwindigkeit der Schiffe. Es ist selbstverständlich nicht gleichgültig, ob von zwei Schiffen mit gleicher Tragfähigkeit das eine 5, das andere 10 Seemeilen in der Stunde zurücklegt, vielmehr kann dem schnelleren Schiff annähernd[2]) die doppelte Leistungsfähigkeit zugesprochen werden, da es imstande ist, dasselbe Gewichtsquantum in der halben Zeit oder in derselben Zeit das doppelte Gewichtsquantum zu befördern wie das andere Fahrzeug. Die Tragfähigkeit in Gewichtstonnen multipliziert mit der Anzahl der Seemeilen, die das Schiff in einer Stunde zurücklegen kann, ergibt die Transport-Leistungsfähigkeit in Tonnen-Seemeilen (tsm) pro Stunde, und diese erst können wir als einwandfreien Vergleichsmaßstab der Leistungsfähigkeit der Schiffe und Flotten ansehen, soweit diese überhaupt statistisch erfaßbar ist.

Die durchschnittliche Geschwindigkeit der verschiedenen Dampferklassen haben wir in derselben Weise nach den Angaben der Reedereien und der Literatur (insbesondere Nauticus) ermittelt wie die Tragfähigkeit. Die mittlere Geschwindigkeit wurde festgestellt, indem die Summe der Produkte von Tragfähigkeit mal Geschwindigkeit der einzelnen Schiffe durch die Summe der Tragfähigkeit dividiert wurde.

Mittlere Geschwindigkeit (Seemeilen in der Stunde):

	1890	1910
Schnelldampfer	17,55	23,40
Reichspost- und Luxusdampfer	14,30	15,55

---

[1]) Für 1910 wäre der Abzug tatsächlich geringer zu bemessen als für 1890, da der Durchschnitt der jetzigen Maschinen ökonomischer arbeitet als vor 20 Jahren. Ich glaube jedoch von einer Differenzierung im Tragfähigkeits-Abzug absehen zu müssen, da obige Schätzung von 10 % sowieso nur als ungefähr zutreffend angesehen werden kann.

[2]) In Wirklichkeit wächst die Leistungsfähigkeit natürlich nicht im gleichen Grade wie die Schnelligkeit, weil der Hafenaufenthalt eine konstante Größe bleibt. Je länger die Reise, desto mehr kommt die gesteigerte Leistungsfähigkeit des schnelleren Schiffes zur Geltung.

Fracht- und Passagierdampfer 11,86 11,87
Frachtdampfer 10,15 11,08
Dampfer insgesamt 11,05 11,90

Die Schnelligkeit der Segelschiffe wurde 1890 und 1910 als gleich groß angenommen, und zwar:

Küstensegler von 17,5—200 RT 3 Seemeilen in der Stunde
Europ. Segler von 200—1000 RT 4
Ozean. Segler von über 1000 RT 5
Seeleichter 5

Kombiniert man die Geschwindigkeit mit der Tragfähigkeit, so ergibt sich folgende Übersicht über die

Leistungsfähigkeit der deutschen Handelsflotte 1890 und 1910
(in Tonnen-Seemeilen in der Stunde):

	1890 tsm	1910 tsm
1. Schnelldampfer	645 550	1 451 900
2. Reichspost- und Luxusdampfer	271 570	8 100 000
3. Fracht- und Passagierdampfer	3 467 300	17 390 000
4. Frachtdampfer	6 223 700	33 850 000
5. Dampfer insgesamt	10 608 120	60 791 900
6. Dampfer insges., abzüglich 10% für Kohlen- und Wasservorrat	9 547 308	54 712 710
7. Küstensegler	434 190	451 800
8. Europ. Segler	2 071 680	81 600
9. Oceanische Segler	1 957 800	2 178 750
10. Seeleichter	—	788 800
11. Segler insgesamt	4 463 670	3 500 950
12. Gesamtflotte (Dampfer sub 5 und Segler)	15 071 790	64 292 850
13. Gesamtflotte (Dampfer sub 6 und Segler)	14 010 978	58 213 660

Das Wachstum der deutschen Handelsflotte von 1890 bis 1910 beträgt also nach den verschiedenen Maßstäben gemessen (vgl. Fig. 5):

	1890	1910
a) Nettoraumgehalt	1	2,17
b) Bruttoraumgehalt	1	2,68
c) Brutto-Tragfähigkeit	1	2,92
d) Netto-Tragfähigkeit	1	2,80

e) Leistungsfähigkeit
   (Geschwindigkeit × Brutto-Tragfähigkeit)   1   4,27
f) Leistungsfähigkeit
   (Geschwindigkeit × Netto-Tragfähigkeit)   1   4,15

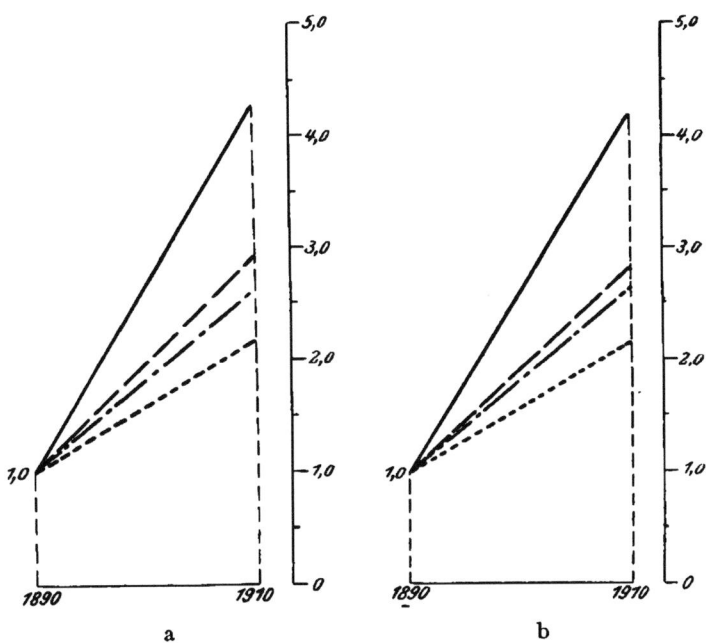

Fig. 5. a. Anwachsen des Netto-Raumgehaltes, des Brutto-Raumgehaltes, der Tragfähigkeit und der Leistungsfähigkeit (in tsm) der deutschen Handelsflotte von 1890 auf 1910. b. Dasselbe wie a, jedoch bei Dampfern 10 % der Tragfähigkeit (f. Kohlen- u. Wasservorrat) abgezogen.
(Signaturen wie bei Fig. 4.)

Die Leistungsfähigkeit der deutschen Handelsflotte ist also ungefähr doppelt so stark gewachsen als der Nettoraumgehalt! Ein besserer Beweis für die Unzulänglichkeit des Nettoraumgehalts als statistischen Maßstabes kann nicht gut geliefert werden. Allerdings erscheint das Wachstum der Leistungsfähigkeit von 1890 bis 1910 namentlich aus dem Grunde so groß, weil in dieser Zeit die langsamere und im Verhältnis zu ihrem Nettoraumgehalt weniger tragfähige Seglerflotte[1]) zum großen Teile durch Dampfer ersetzt worden ist. Da in Zukunft ein solcher Ersatz nicht mehr in diesem

---

[1]) Da in der statistischen und volkswirtschaftlichen Literatur vielfach die Leistungsfähigkeit einer Dampfertonne = 3 oder 4 Seglertonnen (R T) angenommen wird, ist es vielleicht von Interesse festzustellen, daß nach der oben befolgten Rechnungsmethode die Leistungsfähigkeit einer R T netto der Dampferflotte 3,74 mal so groß ist als die einer R T netto der gesamten Seglerflotte, und 3,45 mal so groß als die einer R T netto der größeren ozeanischen Segler. Dabei wird, wie ersichtlich, die Geschwindigkeitsüberlegenheit der Dampfer nicht so groß, als sonst üblich, angenommen.

Umfange stattfinden kann, so ist eine gleich große Steigerung der Leistungsfähigkeit im Vergleich zu der des Nettoraumgehaltes in Zukunft vielleicht nicht zu erwarten. Immerhin wird die Leistungsfähigkeit auch künftig immer schneller wachsen als der Nettoraumgehalt, und zwar aus drei Gründen:

1. Das relative Sinken des Nettoraumgehalts (infolge günstigerer Auslegung und Anwendung der Vermessungsordnung) wird andauern. Dementsprechend wird die Tragfähigkeit im Verhältnis zum Nettoraumgehalt steigen.
2. Die Tragfähigkeit wird infolge technischer Fortschritte (Gewichtsverringerung) effektiv steigen.
3. Die Geschwindigkeit wird sich vergrößern.

Hinsichtlich der beiden letztgenannten Punkte sind namentlich von der bevorstehenden allgemeineren Einführung des Motors in die Schiffahrt größere Fortschritte zu erwarten: das Gewicht der Schiffe und ihrer Betriebskraft wird sich verringern, die Geschwindigkeit steigern. Das Gewicht des Betriebsmotors nebst Heizstoff wird im Vergleich zur Dampfmaschine sogar derartig sinken, daß die britische 32%-Nettoabzugsregel, die zweifellos auf diese Schiffe dem Gesetze entsprechend angewendet werden muß, den letzten Rest von vernünftigem Sinn verlieren wird. Auch unter diesem Gesichtspunkt scheint gerade in den nächsten Jahren der richtige Augenblick gekommen, mit der veralteten Raumgehaltsvermessung aufzuräumen und die Schiffsvermessung international neu zu regeln.

Fassen wir alles bisher Gesagte zusammen, so ergibt sich: der Nettoraumgehalt ist ein ungenügender und von Tag zu Tag weniger brauchbar werdender Maßstab der Schiffahrtsstatistik. Der Bruttoraumgehalt entspricht zwar auch nicht allen berechtigten Anforderungen, muß aber augenblicklich wenigstens noch als der beste zur Zeit statistisch erfaßbare Maßstab betrachtet werden. Als richtigster Maßstab überhaupt hat die Tragfähigkeit zu gelten. Diese ist zwar gegenwärtig noch nirgendwo als offizieller Maßstab der Schiffsvermessung eingeführt, doch würden einem Ersatz der bisherigen Brutto- und Nettoraumgehalts-Vermessung durch Tragfähigkeits-Vermessung erhebliche praktische Schwierigkeiten nicht mehr entgegenstehen. Die Tragfähigkeit kann ermittelt werden, indem man das Deplacement des auf der Leichtladewasserlinie schwimmenden Schiffes d. h. das Gewicht des leeren, betriebsfertigen Schiffes vom Deplacement des auf der Tiefladelinie schwimmenden abzieht. Das Gewicht des betriebsfertigen Schiffes kann bei der Ablieferung von der Werft ohne weiteres angegeben werden, und die Ermittelung des Tiefladelinien-Deplacements ist ebenfalls durch eine einfache Vermessung möglich, nachdem die Tiefladelinie in den wichtigsten Schiffahrtsstaaten gesetzlich eingeführt, und die internationale

Festsetzung der Tiefladelinie nur noch eine Frage der Zeit ist. Man kann also wohl nicht mit Unrecht die Tragfähigkeits-Vermessung als die Schiffsvermessung der Zukunft bezeichnen. Sie würde den richtigsten Maßstab für die Größe und Leistungsfähigkeit der Schiffe, damit zugleich den gerechtesten Maßstab für die Bemessung der Schiffsabgaben darbieten, also die ungerechte Benachteiligung der Segelschiffe beseitigen, ferner eine erhebliche Vereinfachung der Schiffsvermessung mit sich bringen, endlich die langersehnte und schwierige internationale Regelung der Schiffsvermessung sehr erleichtern und damit auch die Schiffahrtsstatistik gewaltig fördern. Für statistische Zwecke wäre allerdings eine Berücksichtigung auch der Geschwindigkeit wünschenswert, aber selbst wenn sich diese nicht ermöglichen ließe, so bliebe doch die internationale Einführung der Tragfähigkeits-Vermessung als ein bedeutender Fortschritt auch für die Statistik zu begrüßen.